国内外新能源发展历程

及东北实践

董天仁　主编

国家电网有限公司东北分部
国网能源研究院有限公司　组编

中国电力出版社
CHINA ELECTRIC POWER PRESS

内 容 提 要

本书全面梳理总结国内外新能源发展历程以及东北近年来促进新能源发展的相关实践经验。本书从我国新能源发展消纳历程、东北实现新能源发展消纳协同的实践与经验、国际实现新能源发展消纳协同的实践与经验、东北地区新能源发展展望等方面进行了深入分析。本书以科学准确的统计数据作为支撑、结合直观的图表，全面梳理了国内外新能源发展历程，总结了东北近年来能源转型的成功经验及举措，可为政府部门、相关企业等行业内外人士研究能源转型提供重要参考。

图书在版编目（CIP）数据

国内外新能源发展历程及东北实践 / 董天仁主编.

北京：中国电力出版社，2025．2．-- ISBN 978-7
-5198-9577-8

Ⅰ．F426.2

中国国家版本馆 CIP 数据核字第 20259NG336 号

出版发行：中国电力出版社

地　　址：北京市东城区北京站西街 19 号（邮政编码 100005）

网　　址：http://www.cepp.sgcc.com.cn

责任编辑：赵　杨（010-63412287）

责任校对：黄　蓓　王海南

装帧设计：张俊霞

责任印制：石　雷

印　　刷：廊坊市文峰档案印务有限公司

版　　次：2025 年 2 月第一版

印　　次：2025 年 2 月北京第一次印刷

开　　本：710 毫米×1000 毫米　16 开本

印　　张：12

字　　数：220 千字

定　　价：60.00 元

《国内外新能源发展历程及东北实践》
编 委 会

主　编　董天仁

副主编（按姓氏笔画排序）

　　　　王　斌　　王耀华　　单葆国

编　委（按姓氏笔画排序）

　　　　王彩霞　　田增垚　　代红才　　丛培军　　刘诚哲

　　　　李　群　　李岩春　　李春山　　李琼慧　　张　喆

　　　　张晓天　　金明成　　赵宇民　　侯凯元　　夏德明

　　　　黄碧斌

编 写 组

成　员（按姓氏笔画排序）

　　　　于　洋　　王克非　　叶小宁　　冯　伟　　吕东璘

　　　　朱时雨　　刘少午　　刘继成　　孙　羽　　孙铭泽

　　　　杨　超　　杨天蒙　　步雨洛　　吴　思　　吴珂鸣

　　　　时智勇　　迟　成　　张化清　　张健男　　陈泽龙

　　　　金学洙　　赵海吉　　郭希海　　满林坤　　窦姿麟

世界百年未有之大变局加速演进，世界之变、时代之变、历史之变的特征更加明显。新一轮科技革命和产业变革深入发展，全球气候治理呈现新局面，新能源和信息技术紧密融合，生产生活方式加快转向低碳化、智能化，能源体系和发展模式正在进入非化石能源主导的崭新阶段，世界各国能源结构已由化石能源体系向低碳能源体系转变。百年变局，复兴伟业，新能源发展成为须臾不可忽视的"国之大者"，我国新能源发展面临新的战略机遇、新的战略任务、新的战略阶段、新的战略要求、新的战略环境。

自《可再生能源法》颁布以来，我国以风电、光伏发电为代表的新能源事业伴随着经济的发展逐步成长壮大，形成了全面发展的新能源开发格局，实现了从小到大、从弱到强的跨越式发展。党的十八大以来，习近平总书记多次赴东北地区考察，多次召开专题座谈会，对东北新能源发展发表重要讲话、作出重要指示批示。2023 年 9 月，习近平总书记主持召开新时代推动东北全面振兴座谈会，强调要以科技创新推动产业创新，加快构建具有东北特色优势的现代化产业体系，积极培育新能源、新材料、先进制造、电子信息等战略性新兴产业，积极培育未来产业，加快形成新质生产力，增强发展新动能，加快发展风电、光电、核电等清洁能源，建设风光火核储一体化能源基地。党中央、国务院对东北能源低碳转型作出一系列重要部署安排，传递了对绿色低碳可持续发展的坚定信心，为东北地区新能源高质量发展指明了前进方向。

　　为认真贯彻党中央、国务院决策部署，完整准确全面贯彻新发展理念，统筹发展和安全，统筹保供和转型，积极服务构建新发展格局和"双碳"目标，加快构建新型电力系统，持续助力新型能源体系建设，努力争当东北地区能源清洁低碳转型的推动者、先行者、引领者。国家电网有限公司东北分部联合国网能源研究院有限公司共同编写本书，梳理我国新能源发展消纳历程以及东北新能源发展消纳协同的实践，分析国外主要经济体及研究机构对于高比例新能源科学发展和高效消纳的典型经验，结合我国国情、东北网情，提出东北地区实现新能源高质量发展与消纳协同的行动与举措。

编　者

2024 年 9 月

国内外新能源发展历程及东北实践

第一篇

新能源发展消纳历程篇

　　过去的十几年，在国家政策的引导下，在电网及发电企业的推动下，国内新能源发展迅猛，新能源装机规模不断扩大，东北地区作为新能源富集地区，其新能源发展具有代表性，是我国新能源发展历程的缩影。通过对东北地区新能源发展历程的细分和总结，梳理其不同阶段涌现的问题，可以更加全面和深入地了解我国新能源不同发展阶段的特点，为未来我国东北地区及全国新能源的进一步发展提供宝贵经验。

　　本篇聚焦我国新能源发展消纳历程，以东北地区新能源发展为主要分析体，将其分为四个阶段。针对新能源发展的每个阶段特点，从法律制度、发展规划、开发建设、并网与运行管理、电价及财税金融等多个维度对近十几年来国家层面、区域层面及地方层面能源转型战略进行全面梳理；在此基础上，从技术水平和发电经济性两个方面，对每个阶段新能源政策影响下的行业发展情况进行详细分析；在对行业发展情况进行梳理的基础上，对近十几年东北地区新能源发展及消纳进行全面梳理和分析；通过对每个阶段新能源政策、行业发展和并网消纳情况的分析进行总结，进一步挖掘东北地区新能源发展过程中每个阶段存在的问题。

第一章　《可再生能源法》推动新能源规模迅速扩大（2006—2011年）

党的十六大之后，科学发展观成为经济社会发展的主旋律，建设资源节约型、环境友好型社会成为能源发展的主要方向。在新能源成长起步阶段进行有益探索和经验积累的基础上，国家进一步加大对新能源产业的扶持力度，新能源装备制造水平有了较大提高，风电制造及相关零部件企业百余家，光伏电池及组装厂数十家，形成了模块化设计、标准化生产和专业化施工队伍，政策环境和服务体系基本完备，具备了大规模发展新能源的条件。在这期间，我国新能源不断发展，主要体现在以下几个方面：

（1）行业管理不断完善、加强，有效推进产业健康发展。该阶段，国家不断出台政策措施，一方面在逐步完善法律法规体系，有效推进可再生能源产业化发展进程的基础上，明确大型并网光伏电站的上网电价通过招标确定，拉开了我国大型光伏电站建设的序幕；另一方面，在建立四类风能资源区风电标杆上网电价的同时，加强风电标准化工作，规范和指导我国风电行业健康发展。

（2）新能源重大项目有序推进、开发建设规模不断扩大。从2009年起，我国先后实施"金太阳"示范工程和"光电建筑应用示范项目"（或称"太阳能屋顶计划"），并开启两轮光伏发电项目特许权招标，有效促进我国新能源的迅速发展。

（3）新能源产业制造能力不断增强，具有了较强的国际竞争力。中国首台具备世界先进水平且具有自主知识产权的兆瓦级风力发电机组样机在新疆达坂城风力发电场完成吊装。我国制造的太阳能电池发电效率已接近世界先进水平，我国制造企业生产的光伏电池的转换效率达到了19.5%，已迈入国际领先行列。

第一节　新能源相关政策

以2006年1月1日《中华人民共和国可再生能源法》（简称《可再生能源法》）正式施行为标志，中国新能源在政策支持下进入产业化促进与规范化发展起步阶段。2009年6月，全国人大环资委启动《可再生能源法》修订工作；当年12月26日，法律修订版经全国人大常委会审议通过并颁布；2010年4月1日，修订版正式实施。围绕着新修订的《可再生能源法》，风电、光伏发电等从法律制度、发展规划、开发建设、并网与运行管理、电价及财税金融等五个方面出台了符合产业发展现实的政策，在完善法律法规体系的同时，对新能源建设也进行了合理的规范和引导。这些政策措施的实施，使新能源行业整体规划更加合理，产业布局更加明确，激励政策更加具有针对性，为新能源的健康发展打下了良好的基础。

一、法律制度

可再生能源法的颁布及修订为可再生能源发展提供了明确的政策支持和良好的制度化保障。

《可再生能源法》及其修正案是一部关系国家能源和环境安全，关系国家可持续发展的重要法律。《可再生能源法》颁布前后，一系列辅助可再生能源发展的政策法规逐步出台，可再生能源法律法规体系不断完善，有效推进了可再生能源的产业化发展进程。

1. 2006年颁布的《可再生能源法》

2006年实施的《可再生能源法》由总则、资源调查与发展规划、产业指导与技术支持、推广应用、价格管理与费用分摊、经济激励与监督措施、法律责任和附则组成，共八章三十三条，构建了总量目标、强制上网、分类电价、费用分摊及专项资金五项核心制度，对促进我国可再生能源发展、推动能源转型发挥了巨大作用。

（1）总量目标制度。可再生能源总量目标制度是用法律形式要求政府有关部门根据可再生能源开发利用的资源条件、经济承受能力、能源需求状况等多种因素，提出一定阶段内的可再生能源发展目标，以明确可再生能源开发利用的市场规模，引导投资和技术发展的方向，并通过法律规定的其他一系列法律制度，如规划、强制入网和分类价格等，保证总量目标的实现。总量目标是保证可再生能源的发展空间或者能源结构占比所做出的强制性规定，市场主体可以从中得到市场发展导向的信息，是政府推动和市场引导原则的具体体现。

（2）强制上网制度。《可再生能源法》立法之初，正值我国电力部门改制为公司不久，发电企业和电网企业按照商业模式运作，不再承担政府职能，特别是厂、网分开之后，实行竞价上网，在当时技术和经济核算体系下，大多数可再生能源电力成本和上网电价相对较高，加上风、光等间歇性电源的特点，使其尚不具备与常规能源电力竞争的能力。因此需要将发展可再生能源作为所有电力企业的法定义务，再转化为全社会的义务。《可再生能源法》实行强制上网，是在能源销售领域实施垄断经营和特许经营的条件下，保障可再生能源产业发展的基本制度。

（3）分类电价制度。实施分类电价制度的目的主要是减少项目审批程序、明确投资回报、降低项目开发成本和限制不正当竞争。由于各种可再生能源发电存在成本差异，只有实行分类电价制度，才能合理地促进不同可再生能源技术的发展，鼓励投资商积极开发可再生能源电力，起到迅速扩大可再生能源市场的作用。同时，按照固定的分类电价确定投资项目，投资商减少了项目报批环节；电网公司按照分类电价全额收购可再生能源系统的发电量，减少了签署购电合同的谈判时间和不必要的纠纷，从而降低了可再生能源发电上网的交易成本。如果多个开发商竞争同一开发区块，则可采用招标方式确定开发商，其上网电价还会在分类电价的基础上进一步降低。分类电价制度也是国际社会发展可再生能源发电的一个重要手段。

（4）费用分摊制度。配合法律中的分类电价制度，费用分摊制度的核心是落实公民义务和国家责任相结合的原则，要求各地区的电力消费者相对公平地承担发展可再生能源的额外费用，促进可再生能源开发利用的大规模发展。实行费用分摊制度后，地区之间、企业之间负担公平的问题可以得到有效解决。

（5）专项资金制度。长期以来，缺乏有效和足够的资金支持是可再生能源开发利用的一大障碍，而可再生能源开发利用能否持续发展，在一定程度上取决于有没有足够的资金支持。建立费用分摊制度主要解决了可再生能源发电的额外成本问题，其他可再生能源开发利用的资金瓶颈仍需要专门的渠道解决。《可再生能源法》立法之初，考虑设立国家专项基金的难度很大，因此法律中要求中央和地方两级财政设立可再生能源专项资金，专门用于费用分摊制度无法涵盖的可再生能源开发利用项目的补偿、补助和其他形式的资金支持。

2. 2009年《可再生能源法》修订

2009年《可再生能源法》修订主要针对上述五项核心制度，除分类电价制度没有修订，其他均有或"质"或"量"上的调整。

（1）总量目标制度。修订版增加了一款，即"其他相关规划也应促进可再生能源开发利用中长期总量目标实现"。目的是除了可再生能源规划外，对其他相关规划支持可再生能源发展提出了原则性要求，这一修订对可再生能源发展起到了积极的作用。法律出台后，我国相继明确了2015、2020、2030、2050年非化石能源在一次能源消费中的占比目标，引导非化石能源发展，并落实在国家能源战略、各个五年规划上。

（2）全额保障性收购制度。修订版将"强制上网"制度修改成"全额保障性收购"制度，一是政府部门要按照规划确定应当达到的可再生能源发电量占全部发电量的比重，并制定电网企业优先调度和全额收购可再生能源发电的具体办法；二是电网企业应与可再生能源发电企业签订并网协议并全额收购符合并网技术标准的上网电量，并明确发电企业有义务配合电网企业保障电网安全。2009 年以来，由于国内电力供需形势变化以及可再生能源发展与电网建设不匹配等，局部地区开始出现弃风、弃光、弃水问题，且范围、数量不断加大，影响全额保障性收购制度的执行效果。为此，国家能源局于 2016 年正式出台了全额保障性收购政策文件并规定了重点地区最低保障性收购利用小时数，加上清洁能源消纳方案等政策的出台和实施，2017 年以来可再生能源限电问题得到持续缓解。但随着可再生能源发电规模的不断扩大，这一问题将可能长期存在。

（3）费用补偿制度。修订版将"费用分摊"制度修订为"费用补偿"制度，具体规定是对"高于按照常规能源发电平均上网电价计算所发生费用之间的差额"从原来较为模糊的"附加在销售电价中分摊"，改为明确的"由全国范围对销售电量征收可再生能源电价附加补偿"。可再生能源的补偿来源被明确限定从全国销售电量里提取可再生能源电价附加。这一修订对可再生能源电价补偿政策是有一定影响的，"费用分摊"意味着可再生能源与常规能源电力（煤电）电价之间的差额直接分摊到销售电价中，是以需求定分摊标准，但"费用补偿"是明确了补偿来源渠道，是否及时和全额补偿则成了模糊地带。最关键的在于，修订后由分摊改为补偿，从事中分摊到事后补偿，造成补偿拖欠的法律问题争议。

（4）专项基金制度。修订版将"专项资金"制度修订为"专项基金"制度。规定：国家财政设立可再生能源发展基金，资金来源包括国家财政年度安排的专项资金和依法征收的可再生能源电价附加收入等。可再生能源发展基金用于补偿本法第二十条、第二十二条规定的差额费用，并用于支持五类事项（与修订前相比为文字调整，支持范围基本没有变化）。修订前后的差距，一是将可再生能源电价附加征收和电价补偿的发放纳入基金管理范围，二是将"资金管理"变为"基金管理"，需要按照国家基金管理制度（如预算制度、决算制度、专用基金账户、补偿资金逐级发放等）规范管理。总体上，"费用补偿"和"专项基金"两项制度的提出，从制度本身来说是可行的，目的也是更规范地持续推进可再生能源发展，但制度调整后，涉及的政府部门各分其责，相互之间协调性弱，造成了目前可再生补偿资金拖欠的雪球越滚越大的局面。

二、发展规划：以规划引领，推动新能源产业化发展

2006—2011 年我国颁布的新能源发展规划相关政策法规见表 1-1。

以《可再生能源法》为依据，《可再生能源中长期发展规划》（发改能源〔2007〕2174 号）、《可再生能源发展"十一五"规划》（发改能源〔2008〕610 号）相继颁布，促进风力发电、太阳能发电技术、产业和市场发展相关政策体

系建设初步完成，推动新能源发电产业蓬勃发展。

表 1-1　　　　2006—2011 年我国颁布的新能源发展规划相关政策法规

颁布年份	名　　称	主　要　内　容
2007	《可再生能源中长期发展规划》	充分利用水电、沼气、太阳能热利用和地热能等技术成熟、经济性较好的可再生能源，加快推进风力发电、太阳能发电的产业化发展，逐步提高优质清洁可再生能源在能源结构中的比重，力争到 2010 年使我国可再生能源的消费量达到能源消费总量的 10%左右，到 2020 年达到 15%左右
2008	《可再生能源发展"十一五"规划》	到 2010 年，可再生能源在能源消费中的比重达到10%，全国可再生能源年利用量达到 3 亿 t 标准煤

1.《可再生能源中长期发展规划》

2007 年，我国政府公布《可再生能源中长期发展规划》（发改能源〔2007〕2174 号），提出了 2007 年至 2020 年期间我国可再生能源发展的指导思想、主要任务、发展目标、重点领域和保障措施。

总体目标：充分利用水电、沼气、太阳能热利用和地热能等技术成熟、经济性较好的可再生能源，加快推进风力发电、太阳能发电的产业化发展，逐步提高优质清洁可再生能源在能源结构中的比重，力争到 2010 年使我国可再生能源的消费量达到能源消费总量 的 10%左右，到 2020 年达到 15%左右。

具体目标：到 2010 年，全国水电装机容量达到 1.9 亿 kW，其中大中型水电 1.2 亿 kW，小水电 5000 万 kW，抽水蓄能电站 2000 万 kW；生物质发电总装机容量达到 550 万 kW；风电总装机容量达到 500 万 kW；太阳能发电装机总容量达到 30 万 kW。到 2020 年，全国水电装机容量达到 3 亿 kW，其中大中型水电 2.25 亿 kW，小水电 7500 万 kW；生物质发电总装机容量达到 3000 万 kW；风电总装机容量达到 3000 万 kW；太阳能发电总容量达到 180 万 kW。

2.《可再生能源发展"十一五"规划》

2008 年，我国政府发布《可再生能源发展"十一五"规划》（发改能源〔2008〕610 号），根据《可再生能源中长期发展规划》的总体要求和我国可再生能源发展的最新进展，对"十一五"时期部分可再生能源的发展目标和发展重点进行了调整，对《可再生能源中长期发展规划》发展目标进行了局部调整。

总体目标：到 2010 年，可再生能源在能源消费中的比重达到 10%，全国可再生能源年利用量达到 3 亿 t 标准煤。

具体目标：水电总装机容量达到 1.9 亿 kW，风电总装机容量达到 1000 万 kW，生物质发电总装机容量达到 550 万 kW，太阳能发电总容量达到 30 万 kW。沼气年利用量达到 190 亿 m³，太阳能热水器总集热面积达到 1.5 亿 m²，增加非粮原料燃料乙醇年利用量 200 万 t，生物柴油年利用量达到 20 万 t。

《可再生能源发展"十一五"规划》主要针对风电发展形势，对风电发展规划目标和风电建设总体布局和重点领域进行了调整和安排，明确提出"以风电场的规模化建设带动风电产业化发展、促进风电技术进步，提高风电装备国产化制造能力，降低风电成本，增强风电的市场竞争力"的风电发展指导方针，对于加快风电发展起到了积极促进作用。

三、开发建设：实施特许权招标、"金太阳"工程等推动风光大规模开发建设

2006—2011 年我国颁布的新能源开发建设相关政策法规见表 1-2。

表 1-2 　　2006—2011 年我国颁布的新能源开发建设相关政策法规

颁布年份	名　　称	主　要　内　容
2007	《关于开展大型并网光伏示范电站建设有关要求的通知》	明确大型并网光伏电站的上网电价通过招标确定
2009	《关于加快推进太阳能光电建筑应用的实施意见》	支持开展光电建筑应用示范，实施"太阳能屋顶计划"；实施财政扶持政策；加强建设领域政策扶持
2009	《关于实施金太阳示范工程的通知》	综合采取财政补助、科技支持和市场拉动方式，加快国内光伏发电的产业化和规模化发展
2010	《关于加强风电开发与电网接入和运行管理协调工作的通知》	核实进度和电网接入工程情况，筛选提出 2010 年风电开发方案，报国家能源局审核。通过审核的项目，方可享受国家电价补贴政策
2011	《风电开发建设管理暂行办法》	风电场未按规定程序和条件获得核准擅自开工建设的，不能享受国家可再生能源发展基金的电价补贴，电网企业不接受其并网运行
2012	《关于加强风电并网和消纳工作有关要求的通知》	风电并网运行情况将作为新安排风电开发规模和项目布局的重要参考指标，风电利用小时数明显偏低的地区不得进一步扩大建设规模

1. 特许权招标推动新能源产业化起步

"九五"期间，为了有效推动全国风力发电开发，增大市场规模，引入竞争机制，实现商业化发展，降低风力发电成本及上网电价，国家能源主管部门首先引入了风电的特许权招标，即通过面向国际的招投标选择业主，电价由招投标确定，由省（自治区、直辖市）政府与中标业主签订期限为 25 年的特许权协议；政府承诺市场销售，承担政策风险；由中标人承担项目的投融资、建设、经营和相应风险；中标人与电力公司签订购售电合同。

2003 年首次实施了风力发电特许权示范项目。2003—2007 年，共开展了五期风力发电国家特许权项目招标，最终确定了 18 个风力发电特许权招投标项目，总计 3400MW。风力发电特许权项目是中国电力体制改革、厂网分家后风

力发电发展的重要举措，明确了风力发电不参与电力市场竞争，对规定的上网电量承诺固定电价；电网公司投资建设连接风力发电场的输电线路和变电设施；引入投资者竞争机制、降低上网电价、提出对风力发电机组国产化率的要求等，有效降低了风力发电场建设成本，推动了风力发电场大规模开发建设，促进了风力发电机组设备制造国产化进程。五期风力发电特许权项目改变了国内风力发电电价高、发展慢的状况。

风力发电引入特许权招标不仅吸引了大量资本进入风机制造领域，也使得风机厂商在技术、质量和成本控制上实现了充分竞争，推动了国内风力发电技术和管理水平快速提高。各大发电集团，有关的国有企业、民营企业、外资企业纷纷进军中国风力发电行业，风力发电呈现出前所未有的蓬勃现象。

2007 年 11 月，国家发展改革委办公厅发布《关于开展大型并网光伏示范电站建设有关要求的通知》（发改办能源〔2007〕2898 号），明确大型并网光伏电站的上网电价通过招标确定，从而拉开了中国大型光伏电站建设的序幕。

2. 从审批制到年度项目计划管理制度

2011 年前，我国风电实行两级审批制度，由于中央和地方核准项目是按照单个项目装机容量划分，5 万 kW 及以上风电项目由国家发展改革委核准，5 万 kW 以下由地方政府核准，引发了地方大量核准 5 万 kW 以下（或通过拆分）风电场项目的热潮。一些地方为规避国家审批，将整装风电场人为分割、"化整为零"，"4.95"现象愈演愈烈，国家规划屡被突破。大量"4.95"风电场分别建设、分别并网，电网无法统筹考虑风电接网规划。由于电网接入规划和建设与新建风电场建设审批缺乏协同，造成了建成风力发电项目无法顺利接入电网以及消纳困难的问题。

针对风电项目核准过程中存在的拆批现象严重，以及"弃风限电"的问题，国家能源局加强了风电项目规划核准。2010 年 3 月，国家能源局印发《关于加强风电开发与电网接入和运行管理协调工作的通知》（国能新能〔2010〕75 号）；2011 年 8 月 25 日，国家能源局下发《风电开发建设管理暂行办法》（国能新能〔2011〕285 号）；2012 年 2 月，国家能源局下发《关于规范风电开发建设管理有关要求的通知》（国能新能〔2012〕47 号）；同年 4 月，国家能源局下发《关于加强风电并网和消纳工作有关要求的通知》（国能新能〔2012〕135 号）。这些办法的出台，规范了风电场项目建设，合理确定风电项目核准，缓解了风电消纳矛盾。

2011 年开始，国家能源局确立了通过下达风电项目年度计划加强风电项目核准管理，施行年度项目核准计划管理，即国家能源局根据各省（区、市）上报的风电发展规划和年度开发方案，下达拟核准风电项目计划，各地区按下达的计划和项目核准权限开展核准工作；电网企业依据批复的风电规划和年度开发方案，落实风电场配套电网送出工程；未列入风电开发计划的项目，不享受国家电价补贴。

与此同时，国家层面要求各省（自治区、直辖市）发展改革委（能源局）加强组织协调，认真落实项目建设条件，特别是电网接入条件和消纳市场，督促项目建设单位深化前期工作，待各项建设条件落实后，按风电项目核准权限规定核准建设。要求各电网公司积极配合做好列入核准计划风电项目的配套电网建设工作，落实电网接入和消纳市场，及时办理并网支持性文件，加快配套电网送出工程建设，确保风电项目建设与配套电网同步投产和运行。

2011 年 7 月，国家能源局下达《关于"十二五"第一批拟核准风电项目计划安排的通知》（国能新能〔2011〕200 号），安排拟核准风电项目总计 2883 万 kW。2012 年 3 月，国家能源局发布《关于印发"十二五"第二批风电项目核准计划的通知》（国能新能〔2012〕82 号），风电核准规模为 1676 万 kW。从区域分布来看，"三北"地区拟核准规模得到了较合理控制。

国家能源局加强风电项目的建设管理，严格按照计划核准项目，有效缓解风电地方规划与国家规划不协调的问题。

3. "太阳能屋顶计划"与"金太阳"示范工程

2008 年的全球金融危机和欧债危机造成中国光伏出口订单锐减，中国光伏产业发展面临巨大挑战。为了稳定和支持光伏产业发展，国家迅速采取了扩大内需、增加光伏产品国内需求的措施，一方面启动了大型地面光伏电站的建设，另一方面积极开展与建筑结合的分布式光伏发电开发计划。

2009 年 3 月，财政部、住房城乡建设部发布《关于加快推进太阳能光电建筑应用的实施意见》（财建〔2009〕128 号）；同日，财政部印发《太阳能光电建筑应用财政补助资金管理暂行办法》（财建〔2009〕129 号），明确中央财政从可再生能源专项资金中安排部分资金，支持光伏在城乡建筑领域应用的示范推广。

2010 年 4 月，财政部印发《关于组织申报 2010 年太阳能光电建筑示范项目的通知》（财办建〔2009〕29 号），明确优先支持太阳能光电建筑应用一体化程度较高的建材型、构件型项目；优先支持已出台并落实上网电价、财政补贴等扶持政策的地区项目；优先支持 2009 年示范项目进展较好的地区项目。

同月，财政部和住房城乡建设部共同印发《太阳能光电建筑应用示范项目申报指南》，进一步规范了示范项目申报的各项内容。2010 年 9 月，下达了首批项目，中央财政首批安排预算 12.7 亿元，启动大型"太阳能屋顶计划"。列入首批国家光电建筑应用示范项目共 111 个，总容量 9.1 万 kW，示范工程分布在 30 个省（自治区、直辖市），重点向产业基础好、太阳能资源丰富的江苏、浙江、内蒙古、河南等省（自治区）倾斜。重点引导了光电建筑一体化发展，重点扶持了技术先进光伏产品推广应用。

"太阳能屋顶计划"的启动，明确了中国大力发展光伏产业的政策指导方针，为推进光电建筑应用示范、建立中国光伏发电应用市场引导、激励、规划、管理机制提供了样本；彻底激活了国内光伏发电技术需求市场，提振了投资者投资光伏产业的信心，开启了中国光伏发电应用的新篇章，为中国光伏产业蓬勃发展创造了基本条件。

2009 年 7 月，财政部、科技部、国家能源局联合发布《关于实施金太阳示范工程的通知》，决定综合采取财政补助、科技支持和市场拉动方式，加快国内光伏发电的产业化和规模化发展。同年 11 月，财政部、科技部、国家能源局联合下发《关于做好"金太阳"示范工程实施工作的通知》，要求加快实施金太阳示范工程。

2009 年第一期示范工程包括 329 个项目，装机总容量为 64.2 万 kW，规定 2～3 年时间完成。这一年的"金太阳"示范工程重点支持大型工矿、商业企业以及公益性事业单位，利用当时既有条件建设用户侧并网光伏发电项目、偏僻无电区光伏发电项目及大型并网光伏发电项目。当年并网光伏发电项目按系统总投资的 50%给予补助，偏远无电地区的独立光伏发电系统按系统总投资的 70%给予补助。2009 年实际批复装机容量约 30 万 kW，财政补贴近 50 亿元。

2010 年补贴政策有所调整，"金太阳"示范工程不再支持大型并网光伏电站。2010 年 9 月，三部委与住房城乡建设部联合下发《关于加强金太阳示范工程和太阳能光电建筑应用示范工程建设管理的通知》，将关键设备招标方式由项目业主自行招标改为国家集中招标，按中标协议供货价格的一定比例给予补贴。其中，用户侧光伏发电项目补贴比例为 50%，偏远无电地区的独立光伏项目补贴比例为 70%。对示范项目建设的其他费用采取定额补贴，其中用户侧光伏发电项目补贴为 4 元/W（建材型和构件型光电建筑一体化项目为 6 元/W），偏远无电地区独立光伏发电项目为 10 元/W（户用独立系统为 6 元/W）。

2011 年"金太阳"示范工程重点支持经济技术开发区、工业园区、产业园区等集中连片开发的用户侧光伏发电项目。不再对关键设备进行招标，只要设备检测符合标准即可，补贴方式仍采用初投资补贴；补贴标准再次进行调整，采用晶体硅组件的示范项目补助标准为 9 元/W，采用非硅薄膜组件的补助标准为 8 元/W。

2012 年 1 月，财政部、科技部、国家能源局印发《关于做好 2012 年"金太阳"示范工程的通知》，要求项目单位资本金不低于项目投资的 30%。光伏发电集中应用示范项目需要整体申报，总装机容量不小于 1 万 kW，分散建设的用户侧发电项目装机容量不低于 2000kW。2012 年实际安装 454.4 万 kW。2012 年上半年，"金太阳"示范工程第一批项目的补贴标准调整为：用户侧光伏发电项目补助标准原则上为 7 元/W，在正式实施过程中调低到 5.5 元/W；2012 年下半年第二批项目补贴标准：2013 年 6 日 30 日前完工的"金太阳"，以及与建筑一般结合的太阳能光电建筑应用示范项目补助标准为 5.5 元/W，建材型等与建筑紧密结合的光电建筑一体化项目补助标准为 7 元/W；偏远地区独立光伏电站的补助标准为 25 元/W，户用系统的补助标准为 18 元/W。

2009—2012 年，国家共组织四期"金太阳"及"光电建筑"项目招标，规模合计达到 660 万 kW，总计装机容量 615 万 kW。2013 年 3 月，财政部决定"金太阳"示范工程不再进行新增申请审批。2013 年 5 月，财政部发布《关于清算"金太阳"示范工程财政补助资金的通知》，规定没有按期完工的项目，要求"取消示范工程，收回补贴资金"；没有按期并网的项目，则会被"暂时收回补贴资金，待并网发电后再来函申请拨付"。自 2013 年开始，光伏"金太阳"示范工程不再进行新增申请审批。至此"金太阳"示范工程顺利完成了历史使命，正式退出中国光伏发展的历史舞台。

四、并网与运行管理：加强风电场安全监督管理，遏制大规模风电机组脱网事故

为保证《可再生能源法》的顺利实施，政府陆续出台了一系列可再生能源发展配套政策法规，进一步细化制定了可再生能源发电方面的配套实施办法。2006—2011 年期间我国出台的项目并网及调度运行管理政策见表 1-3。

表 1-3　2006—2011 年期间我国出台的项目并网及调度运行管理政策

颁布年份	名　称	主　要　内　容
2007	《电网企业全额收购可再生能源电量监管办法》	明确电力监管机构对电网企业建设可再生能源发电项目接入工程情况、可再生能源发电机组与电网并网的情况、电网企业为可再生能源发电及时提供上网服务情况、电力调度机构优先调度可再生能源发电情况、可再生能源并网发电安全运行情况、电网企业全额收购可再生能源发电上网电量情况、对可再生能源发电电费结算情况等实施监管
2010	《关于印发电力需求侧管理办法的通知》	明确加强电力需求侧管理的管理措施和激励措施
2011	《关于切实加强风电场安全监督管理遏制大规模风电机组脱网事故的通知》	为有效遏制大规模风电机组脱网事故的发生，切实保障电力系统安全稳定运行，促进风电安全有序发展，对风电场运行管理单位、并网运行风电场、电网企业、电力调度机构、风电场建设单位、电力监管机构等提出管理要求

续表

颁布年份	名　　称	主　要　内　容
2011	《国家能源局关于印发风电场功率预测预报管理暂行办法的通知》	明确风电场功率预测预报要求、管理要求、运行管理、监督考核等
2011	《国家能源局关于加强风电场并网运行管理的通知》	明确加强风电场建设施工管理、加强风电场并网运行管理、提高并网运行风电机组的低电压穿越能力、加强电力系统安全运行管理、加强风电并网运行设计规范和反事故措施的研究等。国家风电技术检测研究中心要提高低电压穿越监测能力，加快开发方便适用的低电压穿越技术和测试系统，满足风电并网运行和管理的需要。各风电场应尽快委托有资质的检测机构测试风电机组的低电压穿越能力，直到取得检测认可
2011	《国家能源局关于加强风电场安全管理有关要求的通知》	对加强事故信息报送和管理提出明确要求，并提出对影响范围较大的事故，必要时委托中国可再生能源学会风能专业委员会组织有关单位和行业专家进行分析，针对典型事故，提出反事故措施和行业预警信息。进一步加强风电行业资质管理，提出抓紧研究制定风电场施工、运行和检修维护的安全规程和导则，并发布实施

五、电价及财税金融：明确可再生能源发电价格和费用分摊方法

在《可再生能源法》的框架下，我国已经初步建立了支持可再生能源发电的价格政策体系。2006—2011 年期间我国出台的电价及财税金融政策见表 1-4。

表 1-4　　　　　　2006—2011 年期间我国出台的电价及财税金融政策

颁布年份	名　　称	相　关　介　绍
2006	《可再生能源发电价格和费用分摊管理试行办法》	本着促进发展、提高效率、规范管理、公平负担的原则制定，可再生能源发电价格实行政府定价和政府指导价两种形式
2009	《关于完善风力发电上网电价政策的通知》	为规范风电价格管理，促进风力发电产业健康持续发展，进一步完善《可再生能源发电价格和费用分摊管理试行办法》
2011	《关于完善太阳能光伏发电上网电价政策的通知》	制定全国统一的光伏发电标杆上网电价，2011 年 7 月 1 日以前核准建设、12 月 31 日建成投产的项目，上网电价统一核定为 1.15 元/kWh。对于 2011 年 7 月 1 日及以后核准的光伏发电项目，均按 1 元/kWh 执行

《可再生能源发电价格和费用分摊管理试行办法》（简称《办法》）：《办法》规定，风力发电项目的上网电价实行政府指导价，电价标准由国务院价格主管部门按照招标形成的价格确定。可再生能源发电项目上网电价高于当地脱硫燃煤机组标杆上网电价的部分、国家投资或补贴建设的公共可再生能源独立电力系统运行维护费用高于当地省级电网平均销售电价的部分，以及可再生能源发

电项目接网费用等，通过向电力用户征收电价附加的方式解决。

可再生能源电价附加由国务院价格主管部门核定，按电力用户实际使用的电量计收，全国实行统一标准，由电网企业收取，单独记账，专款专用。各省级电网企业实际支付的补贴电费以及发生的可再生能源发电项目接网费用，与其应分摊的可再生能源电价附加额的差额，在全国范围内实行统一调配。

作为落实《办法》的一项重要举措，2006 年 6 月，国家发展改革委下发了电价调整通知，提出收取 0.1 分/kWh 的可再生能源电价附加，计入电网企业销售电价，由省（自治区）电网企业收取，单独记账、专款专用。2008 年 6 月，国家发展改革委以发改价格〔2008〕1677～1682 号文件的形式分别提高华北、东北、西北、华东、华中和南方电网的上网电价，同时将可再生能源电价附加标准由原来的 0.1 分/kWh 提高到 0.2 分/kWh；2009 年提高到 0.4 分/kWh；2011 年提高到 0.8 分/kWh。

1. 风电

2009 年 7 月，为规范风电价格管理，促进风力发电产业健康持续发展，依据《可再生能源法》，国家发展改革委发布《关于完善风力发电上网电价政策的通知》（发改价格〔2009〕1906 号）（简称《通知》），将风力发电价格机制由招标定价改为实行标杆上网电价政策。《通知》规定，按风能资源状况和工程建设条件不同，将中国分为四类风能资源区进行定价，资源区划分的风电标杆电价分别为：Ⅰ类资源区 0.51 元/kWh，Ⅱ类资源区 0.54 元/kWh，Ⅲ类资源区 0.58元/kWh，Ⅳ类资源区 0.61 元/kWh。新建陆上项目，统一执行所在风能资源区的风电标杆上网电价。风电标杆上网电价政策的出台改变了此前风电价格机制不统一的局面，进一步规范了风电价格管理；有利于引导投资，激励风电企业不断降低投资成本和运营成本，控制造价，合理、规范地发展风电。

2. 光伏发电

2002 年之前，中国的光伏项目都是政府主导的示范项目，主要依赖国际援助和国内扶贫项目的支持，没有标杆电价。

2002—2006 年，"西藏无电县建设""中国光明工程""西藏阿里光电计划""送电到乡工程""无电地区电力建设"等国家计划采用的均是初始投资补贴方式，也没有标杆电价。

2007—2008 年，国家发展改革委分两次核准了由企业投资开发建设的 4 个项目，其中上海市 2 个、宁夏回族自治区和内蒙古自治区各 1 个，核准电价为4 元/kWh，这是中国最早采用标杆电价方式商业化运行的光伏项目，也是中国商业化光伏电站发展的开端。核准的 4 个光伏电站电价自投入商业运营之日起，执行高出当地脱硫燃煤机组标杆上网电价的部分纳入全国分摊。

2011 年 7 月，国家发展改革委颁布《关于完善太阳能光伏发电上网电价政策的通知》，制定全国统一的光伏发电标杆上网电价，正式开启光伏标杆电价时代。该通知明确，2011 年 7 月 1 日以前核准建设、12 月 31 日建成投产、尚未经国家发展改革委核定价格的光伏发电项目，上网电价统一核定为 1.15 元/kWh（含税）。对于 2011 年 7 月 1 日及以后核准的光伏发电项目，以及此前核准但截至 12 月 31 日仍未建成投产的光伏发电项目，除西藏仍执行 1.15 元/kWh 的上网电价外，其余省（自治区、直辖市）上网电价均按 1 元/kWh 执行。

第二节　新能源行业发展概况

到 2011 年，风电、光伏发电基本实现以国内制造为主的装备能力，太阳能相关设备拥有较强的国际竞争力。一方面，在国家科技攻关项目和"863 计划"的支持下，我国风力发电发展迅速。其中，华锐风电生产出中国第一台国产化 1.5MW 风力发电机组，中国第一台具有自主知识产权的 2MW 直驱永磁同步风力发电机在湘电集团成功下线并实现批量生产，成为当时继美国之后，世界上第二个能够生产 2MW 风机核心部件的国家；此外，发电度电成本也呈下降趋势，到 2011 年我国陆上风电度电成本为 0.580 元/kWh，海上风电度电成本为 1.049 元/kWh。另一方面，我国以光伏为主的太阳能产业经历了从光伏组件来料加工到全产业链迅猛发展，从主要依赖海外国际市场到国内光伏产品需求爆发式增长的重大转变，2010 年我国光伏电池产量达到 8.5GW，占世界产量的 53%，稳居世界太阳能生产第一的位置；同时，光伏度电成本也逐年下降，到 2011 年，国内光伏电站度电成本为 0.8～1.6 元/kWh。

一、风电行业发展概况

（一）技术水平

在国家科技攻关项目和"863 计划"的支持下，我国风力发电制造企业通过风力发电机组许可证购买、国内外联合设计、自主研发三种方式研制国产化风力发电机组。2005 年，通过引进德国 Vensys 能源有限公司的技术，金风科技制造出了 1.2MW 直驱式风力发电机组；通过引进德国瑞能（Repower）公司的技术，东汽公司制造出了 1.5MW 双馈型风力发电机组。除此之外，我国掌握了 600kW 和 750kW 定桨距风力发电机组的总装技术和关键部件设计制造技术，实现了兆瓦级风力发电机组"零"的突破，大型风力发电机组研发生产能力得到快速提升。

2003 年，750kW 风力发电机组国产化研制成功。

2005 年 4 月，我国首台具备世界先进水平且具有自主知识产权的兆瓦级风力发电机组样机在新疆达坂城风力发电场完成吊装。

2005 年 7 月，具有自主知识产权的 1MW 变速恒频风力发电机组样机在辽宁省仙人岛风力发电场吊装成功。

2006 年 6 月，华锐风电生产出中国第一台国产化 1.5MW 风力发电机组。

2007 年 11 月，我国第一台具有自主知识产权的 2MW 直驱永磁同步风力发电机在湘电集团成功下线并实现批量生产，成为当时继美国之后，世界上第二个能够生产 2MW 风机核心部件的国家。

2007 年 11 月，由金风科技和中国海洋石油集团有限公司合作开发投运的我国第一台海上风力发电机组，在渤海油田顺利并入油田电网。该项目使用金风科技 1.5MW 机组，创造了我国海上风力发电建设三个"第一"：第一次应用风力发电机组为海上油田供电，第一次用单钩整体吊装，第一次采用机固式体运输。

2008 年 12 月，华锐风电研制的中国第一台 3MW 海上风力发电机组下线。

随着风力发电市场规模化发展，截至 2007 年，本地化风力发电机组市场份额达到 55.9%，首次超过进口风力发电机组。2008 年新增本地化风力发电机组市场份额为 75.6%，已有 70 家企业进入并网风力发电机整机制造行业，其中国有企业、国有控股公司 29 家，民营制造企业 23 家，合资企业、外商独资企业 10 家。我国的风力发电技术逐步完成了从技术引进、消化吸收、联合设计、技术咨询到自主研发的发展历程。

（二）发电经济性

1. 初始投资成本

2011 年，投产陆上风电工程项目单位造价为 8247 元/kW，其中，施工辅助工程费用、设备及安装工程费用、建筑工程费用、其他费用、基本预备费，以及建设期贷款利息分别占工程总投资的 0.98%、78.41%、10.24%、7.11%、0.3% 和 2.95%。2011 年，投产的风电工程项目单位造价为 23700 元/kW 左右。

2. 度电成本

2011 年我国陆上风电平均化度电成本（levelized lost of energy，LCOE）为 0.087 美元/kWh，折合人民币 0.580 元/kWh。2011 年我国海上风电 LCOE 为 0.157 美元/kWh，折合人民币 1.049 元/kWh。

二、太阳能发电行业发展概况

我国光伏产业经历了从光伏组件来料加工到全产业链迅猛发展，从主要依赖海外国际市场到国内光伏产品需求爆发式增长的重大转变。2008 年金融危机及之后，欧美国家发起了针对我国光伏产业的"双反"贸易战，我国刚刚形成的光伏产业链从制造装备、生产工艺、原料主材到产品需求高度依赖海外市场，光伏制造业企业举步维艰。在此背景下，我国政府出台了扶植刺激国内光伏发电技术应用的激励政策，启动"光电建筑""金太阳示范工程"和敦煌大型荒漠光伏电站特许权招标等重点工程，并配套强有力的财政补贴政策，通过激活国内光伏发电产品需求消费市场，创造了良好的发展环境。

（一）技术水平

1. 行业情况

在该阶段初期我国光伏行业发展水平较为落后，后期在政策的激励下，我国光伏行业快速发展，出现供需错配的情况，总体呈现产能大市场小的特点。2005 年以前，我国太阳能级硅材料的技术和产业严重落后于国际水平，材料紧缺问题尤显突出，只有峨眉半导体材料厂一家多晶硅生产企业，年生产能力100t，实际产能几十吨。国产太阳能级多晶硅产量少、技术水平低、产品成本高，整个光伏制造业面临着"两头在外"的局面，原材料紧俏、价格高，核心提纯技术掌握在少数发达国家手中。2007 年，国家发展改革委组织实施了《高纯硅材料高技术产业化重大专项》，围绕多晶硅生产各环节的重大技术难题，实施重点攻关，取得了一系列攻关和产业化成果，拥有了自主知识产权技术体系，包括多晶硅还原炉在内的各种多晶硅生产设备和技术实现国产化。此外，2007年太阳能电池的产量达到 1088MW，而欧洲、日本和美国的产量分别是 1062.8、920MW 和 266.1MW，我国首次名列太阳能电池产量世界第一。之后，我国太阳能电池产量每年以接近翻番的速度实现了跨越式发展。2010 年我国光伏电池产量达到 8.5GW，占世界产量的 53%，稳居世界太阳能生产第一的位置。尽管光伏发电这些年发展迅速，但是国内市场同国际光伏市场相比还很不发达。我国光伏发电市场规模还非常小，消费市场主要集中在欧盟、日本和美国。2010年，我国累计光伏装机容量为 0.8GW，同太阳能电池巨大的产量比，这一装机容量水平只是杯水车薪。由于国内市场迟迟未打开，我国光伏行业对国际市场依存度高，自 2006 年以来，我国光伏产品的出口比例一直在 95% 以上。金融危机期间，主要依赖于国际市场的光伏行业深受影响。

此外，该阶段我国产业链发展不平衡，呈现出中间强、两头弱的态势。在产业链中间环节——电池和组件生产迅猛发展的同时，市场和原材料却仍然依赖海外市场。一方面，电池和组件的应用市场对外依存度极高，同时，随着我国政府新能源扶持政策以及相关补贴政策的相继出台，美国的 First Solar、第三大电力公司杜克能源、西班牙能源龙头埃菲玛集团等许多国外企业纷纷进驻我国，参与国内电站建设，并加快了在国内的市场布局，在终端市场和国内企业形成了强有力的竞争。另一方面，主要原材料多晶硅近年来在我国的发展虽然较快，但是只能满足一半的需求，存在50%左右的缺口，导致多晶硅市场价格波动较大。据海关统计数据，2009年和2010年我国多晶硅进口数量分别高达22727t和47549t，2011年上半年进口达30389t。因此，多晶硅产能的投放是当时国内光伏产业亟须解决的重要问题。

2. 组件发展

2006—2011年，我国制造的太阳能电池发电效率已接近世界先进水平。其中晶硅电池方面，我国制造企业生产的光伏电池转换效率达到了19.5%，已迈入国际领先行列。在薄膜电池方面，由中国科学院和香港大学共同研发的铜铟镓硒（CIGS）电池转换效率也达到了17%，处于国际领先水平。在晶硅太阳能电池技术方面，2011年4月，德国博世太阳能公司研制的大面积PERC太阳能光伏电池的能量转换效率达到19.6%，成为世界上能量转换效率最高的电池。无锡尚德电力有限公司生产的光伏电池的转换效率达到19.5%，晶澳太阳能有限公司生产的光伏电池的转换效率达到19.2%，河北保定英利集团有限公司生产的"熊猫"N型单晶硅电池的转换效率达到18.7%，均跻身世界先进水平。在薄膜电池技术方面，美国第一太阳能公司生产的碲化镉电池测试能量转换效率已达到17.3%。铜铟镓硒（CIGS）薄膜电池方面，瑞士联邦材料科学与技术实验室制备的铜铟镓硒能量转换效率达到18.7%。此外，昭和壳牌石油公司的子公司——Solar Frontier开发的30cm贝方铜钢硒（CIS）薄膜太阳能电池子模块的开口部能量转换效率达到17.2%。在深港两地政府的共同资助下，香港中文大学与中国科学院深圳先进技术研究院合作，成功研发出能量转换效率达到17%的铜铟镓硒薄膜太阳能电池，技术水平居国内领先位置。在新型太阳能电池发电技术方面，一方面，三菱化学的有机薄膜太阳能电池能量转换效率达到8.5%；另一方面，钙钛矿太阳能电池引起行业内相关机构的重视，它们开始进行探索和研究，但是此时钙钛矿电池的转换效率不高，未能应用在商业领域中。

3. 涉网能力

2006—2011年，我国太阳能处于发展初期，涉网能力提升的关键技术主要有三类：①发电建模技术和仿真技术；②柔性直流输电技术；③分布式光伏与配电网协调发展技术。

（1）发电建模技术和仿真技术。主要进行光伏电站建模与并网仿真方法研究及光伏电站运行控制技术的仿真研究。通过仿真研究，已建立了并网光伏电站仿真模型，具备了开展仿真计算的能力。通过对并网光伏电站的基础问题研究和城市光伏并网电站的工程实施，提升了对光伏电站及其应用的研究能力。此外，还开展了对百万级城市建筑光伏电站建设及地面光伏电站并网技术的研究。

（2）柔性直流输电技术。在当时，我国太阳能电站主要以交流接入方式为主，但随着其规模的不断增大，开展柔性高压直流输电（VSC-HVDC）的研究是必然趋势。国内主要是国家电网有限公司开展了直流输电的系统研究，国家电网有限公司已制订了《柔性（轻型）直流输电系统关键技术研究框架》，完成了柔性直流输电技术的前期研究和柔性直流输电的基础理论研究。

（3）分布式光伏与配电网协调发展技术。在此阶段，我国建筑一体化光伏发电系统研究与应用已取得了显著进展，兆瓦级以上大型建筑一体化并网光伏电站在深圳国际园林花卉博览园、浙江义乌国际商贸城、崇明岛前卫村等陆续成功并网运行。

（二）发电经济性

1．单位投资成本

2011 年，地面光伏电站的单位投资成本已降至 1.2 万～1.8 万元/kW。此后，随着光伏组件价格不断下滑，逆变器、配电设备及电缆的价格也降到了 2000～4000 元/kW。建设安装（含土建、支架和布线）和土地价格合计为 3000～5000 元/kW。如增加追日跟踪系统，则再增加约 2000 元/kW 的成本。光伏电站的投资，除了上述成本外，还必须考虑电网接入费用、道路费用、财务费用、运营费用。对于兆瓦级以上的地面光伏电站，每年的运行维护费用大约占投资的 0.5%。经测算，不包括站外道路和输电线路成本，目前兆瓦级地面光伏电站的单位投资成本为 12 万～18 万元/kW。

2．度电成本

2011 年，国外典型光伏发电成本为 0.2～0.26 欧元/kWh（折合人民币 1.8～2.34 元/kWh），国内光伏电站度电成本为 0.8～1.6 元/kWh。根据技术类型和系统规模不同，各种典型光伏发电系统发电成本有明显差异。总体来看，聚光光伏电站单位投资成本总体高于晶硅光伏电站和薄膜光伏电站，但由于聚光光伏电站等效利用小时数较高，其度电成本略低于薄膜光伏电站，仍高于大规模地面晶硅光伏电站。薄膜光伏电站单位投资成本总体低于晶硅光伏电站，但由于效率低，度电成本高于晶硅光伏电站。地面电站单位投资成本和度电成本均低于屋顶光伏系统。

第三节　东北地区新能源发展及消纳概况

2006—2011 年，我国东北地区电网发展势头强劲，新能源发展迅猛。其中，新能源装机主要为风电，太阳能装机还没有大规模发展。截至 2011 年年底，东北电网发电总装机容量 9917 万 kW，同比增长 11%。其中，风电装机容量 1510 万 kW，占总装机容量的 15%。2006—2011 年，东北地区电网总装机容量年均增长 14.7%，风电年均增长 92.3%。2006—2011 年，东北电网发电量年均增长 9.4%，其中，风电发电量年均增长 93.1%。2011 年，东北电网年用电量 3632 亿 kWh，同比增长 8.5%，其中，辽宁地区用电量最多，为 1862 亿 kWh，同比增长 7.9%。2006—2011 年，东北地区用电量逐年上升，年均增长 9.3%，用电量增速在小范围内波动。

一、装机容量及发电量概况

1. 装机容量

截至 2011 年年底，东北电网发电总装机容量 9917 万 kW，同比增长 11%。其中，水电、火电、风电装机容量占比分别为 7%、78%、15%。东北电网电源结构如图 1-1 所示。

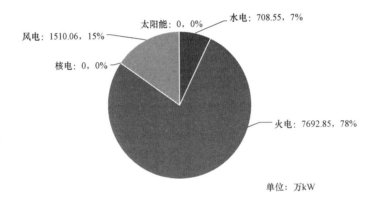

图 1-1　东北电网电源结构

2006—2011 年，东北电网总装机容量年均增长 14.7%。其中，水电年均增长 3.5%，火电年均增长 12.8%，风电年均增长 92.3%。2006—2011 年东北电网装机容量变化如图 1-2 所示，装机结构变化如图 1-3 所示，各类电源装机容量增速如图 1-4 所示。

2006—2011 年，辽宁电网总装机容量年均增长 12.1%。其中，水电年均增长 2.0%，火电年均增长 10.5%，风电年均增长 82.3%。2006—2011 年辽宁电网装机容量变化如图 1-5 所示，各类电源装机容量增速如图 1-6 所示。

吉林电网总装机容量年均增长 15.0%。其中，火电年均增长 16.8%，水电年均增长 3.0%，风电年均增长 87.4%。2006—2011 年吉林电网装机容量变化如图 1-7 所示，各类电源装机容量增速如图 1-8 所示。

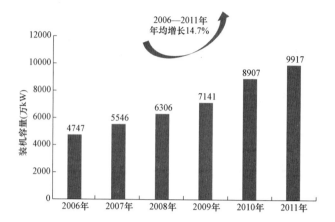

图 1-2　2006—2011 年东北电网装机容量变化图

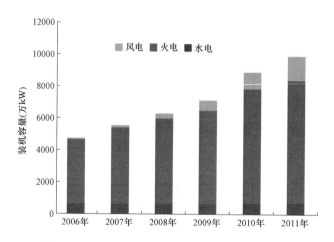

图 1-3　2006—2011 年东北电网装机容量变化图

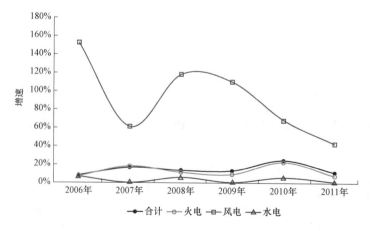

图 1-4　2006—2011 年东北电网各类电源装机容量增速图

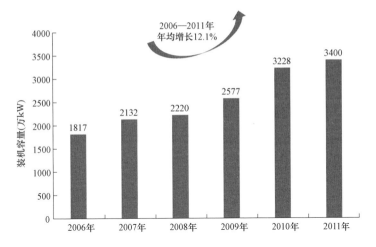

图 1-5 2006—2011 年辽宁电网装机容量变化图

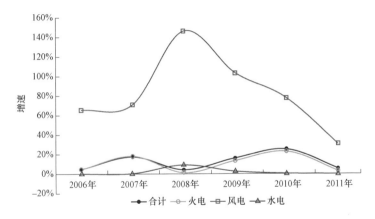

图 1-6 2006—2011 年辽宁电网各类电源装机容量增速图

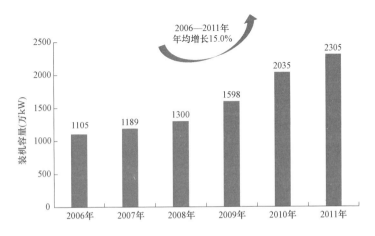

图 1-7 2006—2011 年吉林电网装机容量变化图

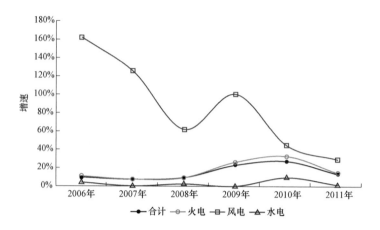

图 1-8　2006—2011 年吉林电网各类电源装机容量增速图

黑龙江电网总装机容量年均增长 9.6%。其中，火电年均增长 7.2%，水电年均增长 3.7%，风电年均增长 91.0%。2006—2011 年黑龙江电网装机容量变化如图 1-9 所示，各类电源装机容量增速如图 1-10 所示。

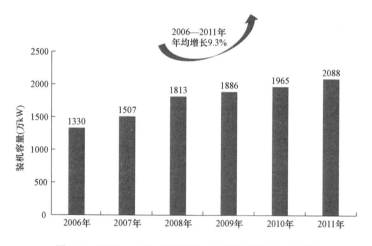

图 1-9　2006—2011 年黑龙江电网装机容量变化图

蒙东电网总装机容量年均增长 31.2%。其中，火电年均增长 24.8%，水电年均增长 163.9%，风电年均增长 121.1%。2006—2011 年蒙东电网装机容量变化如图 1-11 所示，各类电源装机容量增速如图 1-12 所示。

2. 发电量

2011 年，东北电网年发电量为 3719 亿 kWh，同比增长 9.4%。其中，水电发电量同比降低 36.7%，火电、风电发电量同比分别增长 9.1%、27.0%。东北电网分类型发电量占比如图 1-13 所示。

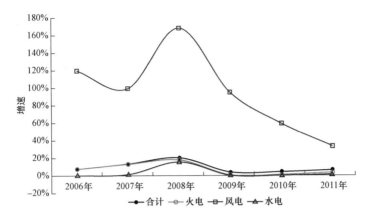

图 1-10　2006—2011 年黑龙江电网各类电源装机容量增速图

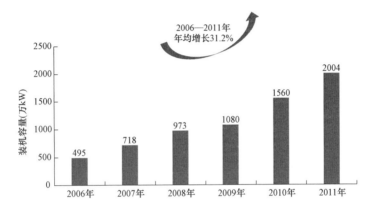

图 1-11　2006—2011 年蒙东电网装机容量变化图

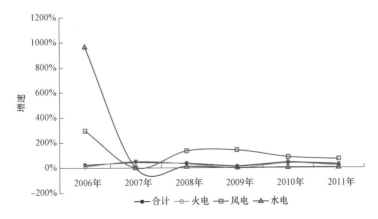

图 1-12　2006—2011 年蒙东电网各类电源装机容量增速图

2006—2011 年，东北电网发电量年均增长 9.4%。其中，火电年均增长 8.8%，水电年均增长 3.4%，风电年均增长 93.1%。2006—2011 年东北电网发电量变化如图 1-14 所示，各类电源发电量增速如图 1-15 所示。

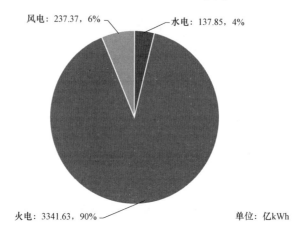

图 1-13　东北电网分类型发电量占比

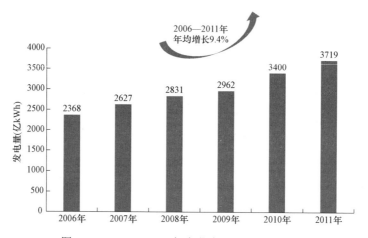

图 1-14　2006—2011 年东北电网发电量变化图

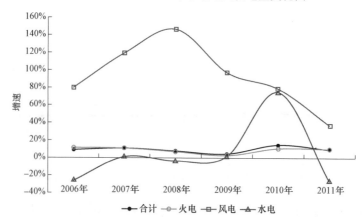

图 1-15　2006—2011 年东北电网各类电源发电量增速图

2006—2011 年，辽宁电网发电量年均增长 8.0%。其中，火电年均增长 7.8%，水电年均增长 0.5%，风电年均增长 92.0%。2006—2011 年辽宁电网发电量变化如图 1-16 所示，各类电源发电量增速如图 1-17 所示。

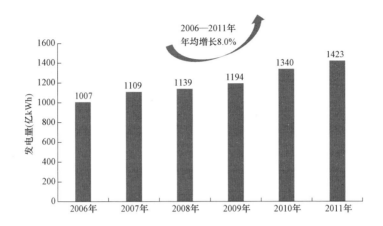

图 1-16　2006—2011 年辽宁电网发电量变化图

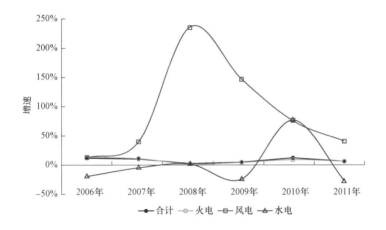

图 1-17　2006—2011 年辽宁电网各类电源发电量增速图

2006—2011 年，吉林电网发电量年均增长 8.7%。其中，火电年均增长 9.0%，水电年均增长 6.9%，风电年均增长 126.8%。2006—2011 年吉林电网发电量变化如图 1-18 所示，各类电源发电量增速如图 1-19 所示。

2006—2011 年，黑龙江电网发电量年均增长 5.6%。其中，火电年均增长 4.9%，水电年均增长 2.4%，风电年均增长 92.7%。2006—2011 年黑龙江电网发电量变化如图 1-20 所示，各类电源发电量增速如图 1-21 所示。

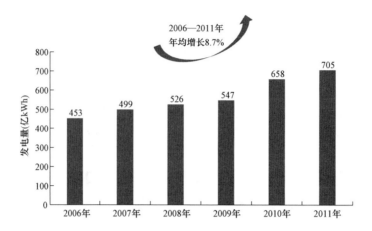

图 1-18 2006—2011 年吉林电网发电量变化图

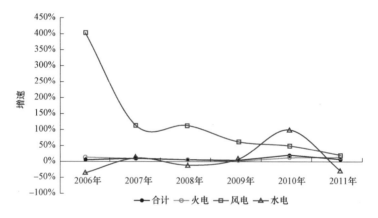

图 1-19 2006—2011 年吉林电网各类电源发电量增速图

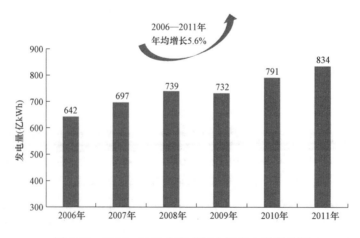

图 1-20 2006—2011 年黑龙江电网发电量变化图

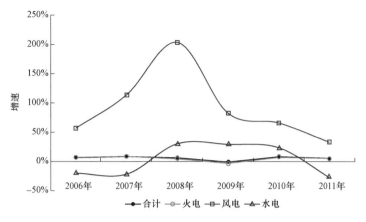

图 1-21　2006—2011 年黑龙江电网各类电源发电量增速图

2006—2011 年，蒙东电网发电量年均增长 20.1%。其中，火电年均增长 17.4%，水电年均增长 231.9%，风电年均增长 107.7%。2006—2011 年蒙东电网发电量变化如图 1-22 所示，各类电源发电量增速如图 1-23 所示。

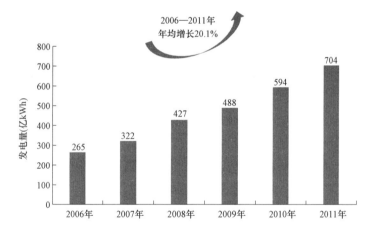

图 1-22　2006—2011 年蒙东电网发电量变化图

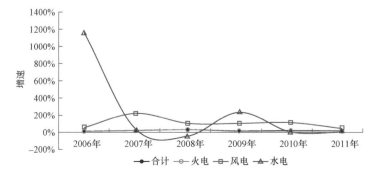

图 1-23　2006—2011 年蒙东电网各类电源发电量增速图

二、用电量增长概况

1. 用电量

2011 年,东北电网年用电量 3632 亿 kWh,同比增长 8.5%。其中,辽宁、吉林、黑龙江、蒙东用电量分别为 1862 亿、630 亿、802 亿、326 亿 kWh,同比分别增长 7.9%、8.4%、6.7%、14.6%。东北电网用电量分布如图 1-24 所示。

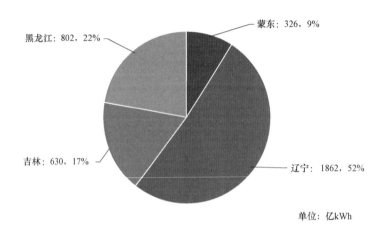

单位:亿 kWh

图 1-24　东北电网用电量分布

2. 逐年变化情况

2006—2011 年,用电量稳步上涨,东北地区用电量年均增长 9.3%,用电量增速在小范围内波动,在 2009 年增速最低(4%),较 2007 年下降约 7 个百分点。2006—2011 年东北电网用电量变化曲线如图 1-25 所示。

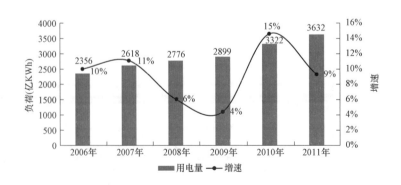

图 1-25　2006—2011 年东北电网用电量变化曲线

三、新能源消纳概况

截至 2011 年年底，风电装机容量达 1510 万 kW。其中，辽宁、吉林、黑龙江、蒙东风电装机容量分别为 402 万、285 万、255 万、567 万 kW。东北电网及各省区风电装机容量和增速如图 1-26 所示。东北电网风电发电量及增速如图 1-27 所示。

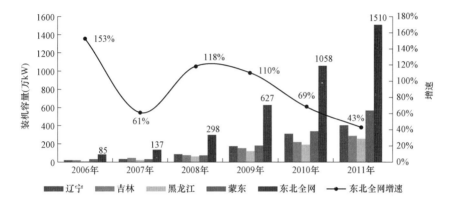

图 1-26　东北电网及各省区风电装机容量和增速

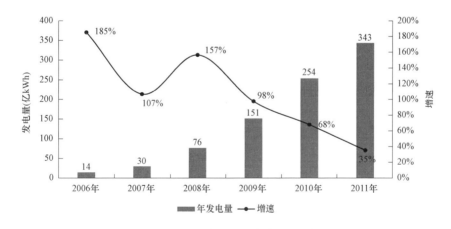

图 1-27　东北电网风电发电量及增速

东北风电利用小时数 2011 年为 1792h，较 2006 年下降 184h。其中，辽宁利用小时数较 2006 年上升 399h，吉林、黑龙江、蒙东风电利用小时数分别较 2006 年下降 394、632、495h。东北电网 2006—2011 年风电利用小时数如图 1-28 所示，东北各省区 2006—2011 年风电利用小时数如图 1-29 所示。

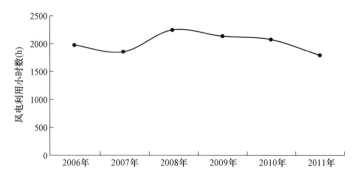

图 1-28　东北电网 2006—2011 年风电利用小时数

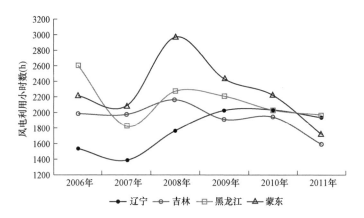

图 1-29　东北各省区 2006—2011 年风电利用小时数

第四节　东北地区新能源阶段发展存在的问题

（1）缺乏统一的、切实可行的规划。各省（自治区）的风电规划只是由各省（自治区）根据本地区的风资源情况制定，在制定规划时只考虑本省（自治区）内风能资源的优化开发，没有考虑在省间统筹规划、统一优化配置风能资源。而且各省（区）的风电项目拆批现象比较普遍，缺乏统筹协调，给整个东北地区风电开发建设协调统一规划带来了困难。

（2）风电发展速度与电网建设速度不匹配，导致网架限电或为风电弃电的主要原因。相对于配套电网建设过程来说，风电场建设成本低，建设周期短，造成风电发展速度与电网建设速度不匹配。而且，随着电网工程建设的难度越来越大，尤其是变电站和线路走廊的选址及征地问题，经常成为严重制约电网工程建设进度的主要因素，进而导致局部网架输送能力不足，影响已建成风电场风电资源的正常送出。

（3）风电技术能力不足。一方面，在该阶段并网风电机组大部分不具备低电压穿越能力，在系统电压波动或电压下降时风机因低电压保护动作切机，造成风机脱网。另一方面，大部分风电场不具备有功功率控制能力，无法按照调度指令快速对风电场出力进行调整，只能由风电场运行人员逐台调节风电机组，不能满足系统控制需求。

第五节　东北地区新能源发展重大事件

2010年，东北电网开始出现调峰能力不足问题，促请东北电监局在国内率先开展东北区域火电机组最小运行方式和最小技术出力核定工作。

2010年，东北电网开展风电机组低电压穿越改造工作，规避大规模风电机组因低电压脱网风险。

2010年，东北电网开展友好型风电场的试点建设工作。深化涉网安全管理，建设赤峰大唐东山风电场为示范风电场，在全网范围内推广。

2011年，东北电网在部分地区开始研究并装设安全稳定控制装置。

2011年，东北电网率先在国内进行了验证风电场低电压穿越能力的人工短路试验工作。吸取西北甘肃电网2011年2—4月发生两起低电压穿越能力不足导致风机大规模脱网事件的经验教训。

2011年，东北电网率先在国内开展了风电按性能优先排序调电工作。

第二章　局部地区新能源弃电问题逐渐突出
（2012—2015 年）

在该阶段，由于政策措施和监管机制不够完善，我国新能源发展过于迅速，新能源富集地区装机速度严重超过负荷增长速度，同时送出通道没有明显加强，局部地区出现了严重的新能源弃电现象，造成了大量的资源浪费。针对该问题，国家及时调整策略，出台了大量政策和措施从多方面对新能源行业进行规范和整改。在经过大规模的整合之后，整个行业逐渐回暖。在这期间，我国新能源发展主要体现在以下两个方面：

（1）在政策方面，国家和地方政府针对局部地区新能源弃电问题进行整改，同时鼓励可再生能源参与市场，提高新能源消纳空间。一方面，积极出台文件，大力推进风电建设，促进能源转型，同时也推动地方和国家协同规划，加强风电建设运行和管理。另一方面，积极调整风电、光伏上网电价，同时鼓励新能源参与市场，促进新能源快速发展。

（2）新能源产业方面，在经过大规模的整合之后，整个行业逐渐回暖。在风电方面，国产风电机组单机容量达到 6MW，超低风速风机技术领域再次取得突破。在太阳能方面，建成当时全球单体规模最大的 50MW 薄膜太阳能地面电站，研制的铜铟镓硒太阳能电池效率已达到 18.7%，迈入国际领先行列。

第一节　新能源相关政策

在此阶段，国家和地方主要出台政策措施，针对局部地区新能源弃电问题进行整改，同时鼓励可再生能源参与市场，提高新能源消纳空间。在国家层面：主要是在发展规划、开发建设、并网及运行管理、市场交易、电价及财税金融等 5 个方面，推进大基地建设，推动国家与地方规划协调发展，同时促进新能源并网和消纳。在发展规划方面，推进大型风电基地建设，加快内陆资源丰富区风能资源开发；积极开拓海上风电开发建设，重点在中东部地区建设与建筑结合的分布式光伏发电系统。在开发建设方面，以项目核准计划推动解决风电地方规划与国家规划不协调问题。在并网及运行管理方面，加强风电建设和运行管理，保障风电运行消纳。在市场交易方面，鼓励可再生能源参与市场。在电价及财税金融方面，下调风电和光伏上网电价，上调可再生能源电价附加标准。在地方层面：在运行管理方面，提出深化电力体制改革，继续推进电力市场建设工作；抓好风电运行管理工作。在市场交易方面，减小参与交易的火电出力，为新能源参与交易提供发电空间；同时，新能源被确定为调峰辅助服务主体参与者，共同承担电网调峰任务，获得调峰辅助服务收益。

一、国家推动新能源发展主要政策

（一）发展规划：推进大型风电基地建设

2012—2015 年我国颁布的新能源发展规划相关政策法规见表 2-1。

表 2-1　　　　2012—2015 年我国颁布的新能源发展规划相关政策法规

颁布年份	名　称	主　要　内　容
2012	《风电发展"十二五"规划》	提出到 2015 年风电装机容量达到 1 亿 kW。有序推进大型风电基地建设，提出九大百万千瓦及以上风电基地。到 2015 年，全国投产运行海上风电装机容量 500 万 kW
2012	《太阳能发电发展"十二五"规划》	2015 年太阳能发电装机容量达到 2100 万 kW。重点在中东部地区建设与建筑结合的分布式光伏发电系统，建成分布式光伏发电总装机容量 1000 万 kW。在青海、新疆、甘肃、内蒙古等太阳能资源和未利用土地资源丰富地区，以增加当地电力供应为目的，建成并网光伏电站总装机容量 1000 万 kW。以经济性与光伏发电基本相当为前提，建成光热发电总装机容量 100 万 kW

2012 年，国家能源局出台《风电发展"十二五"规划》《太阳能发电发展"十二五"规划》，推动风光发电产业快速发展。

风电：提出到 2015 年风电装机容量达到 1 亿 kW。有序推进大型风电基地建设，提出九大百万千瓦及以上风电基地。河北、蒙东、蒙西、吉林、甘肃酒泉、新疆哈密、江苏沿海和山东沿海、黑龙江等大型风电基地所在省（区）风电装机容量总计达到 7900 万 kW。海上风电装机容量达到 500 万 kW。加快内陆资源丰富区风能资源开发。加快风能资源较丰富内陆地区的风能资源，包括山西省的朔州、大同、运城和忻州地区，辽宁省的阜新、锦州、沈阳、营口地区，宁夏回族自治区的吴忠、银川和中卫地区。在河南、江西、湖南、湖北、安徽、云南、四川、贵州以及其他内陆省份，因地制宜开发建设中小型风电项目，扩大风能资源的开发利用范围。积极开拓海上风电开发建设。重点开发建设上海、江苏、河北、山东海上风电，加快推进浙江、福建、广东、广西和海南、辽宁等沿海地区海上风电的规划和项目建设。到 2015 年，全国投产运行海上风电装机容量 500 万 kW。大型风电基地开发布局及重点建设项目见表 2-2。

表 2-2　　　　　　　　大型风电基地开发布局及重点建设项目

基地名称	已建容量（万 kW）	新增容量（万 kW）	规划容量（万 kW）	重点开发区域	重点项目	消纳市场
河北	378	720	1100	张家口、承德、沿海地区	建成张家口二期（165 万 kW）、承德一期（85 万 kW），启动张家口三期、承德二期百万千瓦基地，建设唐山海上风电场项目	华北电网
蒙东	382	420	800	通辽、呼伦贝尔、兴安盟	建设通辽开鲁百万基地（150 万 kW）、通辽科左中旗珠日和百万千瓦基地（200 万 kW）、兴安盟桃合木百万千瓦基地、呼伦贝尔百万千瓦基地	东北电网
蒙西	630	670	1300	包头、巴彦淖尔、乌兰察布、锡林郭勒	建成包头达茂旗百万千瓦基地（160 万 kW）、巴彦淖尔乌拉特中旗百万千瓦基地（210 万 kW）、锡林郭勒百万千瓦基地（600 万 kW），建设乌兰察布幸福和吉庆百万千瓦基地	华北电网和华东电网
吉林	202	400	600	白城、四平、松原	建设白城通榆瞻榆百万千瓦基地、白城洮南百万千瓦基地、大安百万千瓦基地、四平大黑山百万千瓦基地、松原长岭百万千瓦基地	东北电网
甘肃	144	950	1100	酒泉、武威	建成酒泉千万千瓦基地一期工程（380 万 kW）和酒泉千万千瓦基地二期工程（300 万 kW），建设武威民勤百万千瓦基地	西北电网
新疆	113	900	1000	哈密、乌鲁木齐	建成哈密东南部百万千瓦基地（200 万 kW）、乌鲁木齐达坂城百万千瓦基地。结合哈密地区电力外送通道，建设哈密三塘湖百万千瓦基地、哈密淖毛湖百万千瓦基地	西北电网和华中电网
江苏	156	450	600	盐城、南通	建成首批特许权海上风电项目（100 万 kW），建设盐城东部、南部海上百万千瓦基地	华东电网
山东	197	600	800	烟台、威海、东营、滨州、潍坊、青岛、日照	建设沿海陆地及内陆分布较广的风电项目，建设莱州湾、鲁北海上百万千瓦基地	华北电网
黑龙江	199	400	600	大庆、齐齐哈尔、哈尔滨东部（依兰、通河）、佳木斯、伊春、绥化、牡丹江等	建成大庆西部百万千瓦基地（100 万 kW），建设大庆北部、齐齐哈尔富裕百万千瓦基地	东北电网
合计	2400	5500	7900			

太阳能发电：提出到 2015 年太阳能发电装机容量达到 2100 万 kW。重点在中东部地区建设与建筑结合的分布式光伏发电系统，建成分布式光伏发电总装机容量 1000 万 kW。在青海、新疆、甘肃、内蒙古等太阳能资源和未利用土地资源丰富地区，以增加当地电力供应为目的，建成并网光伏电站总装机容量 1000 万 kW。以经济性与光伏发电基本相当为前提，建成光热发电总装机容量 100 万 kW。

2014 年 6 月，国务院印发《能源发展战略行动计划（2014—2020 年）》，提出我国能源发展的总体方略和行动纲领。到 2020 年，一次能源消费总量控制在 48 亿 t 标准煤左右，非化石能源占一次能源消费比重达到 15%。

（二）开发建设：以项目核准计划推动解决风电地方规划与国家规划不协调问题

2012—2015 年我国颁布的新能源年度开发建设相关政策法规见表 2-3。

表 2-3　　2012—2015 年我国颁布的新能源年度开发建设相关政策法规

颁布年份	名　称	主　要　内　容
2012	《关于印发"十二五"第二批风电项目核准计划的通知》	将前期工作充分、电网接入条件落实的项目列入"十二五"第二批拟核准风电项目计划，总容量 1675.4 万 kW。其中，国家电网经营区（含蒙西）1342.4 万 kW，南方电网 333 万 kW
2013	《关于印发"十二五"第三批风电项目核准计划的通知》	列入"十二五"第三批风电核准计划的项目共 491 个，总装机容量 2797 万 kW。此外，安排促进风电并网运行和消纳示范项目 4 个，总装机容量 75 万 kW。上述两类项目合计 2872 万 kW
2014	《关于印发"十二五"第四批风电项目核准计划的通知》	列入"十二五"第四批风电核准计划的项目总装机容量 2760 万 kW
2014	《关于加强风电项目开发建设管理有关要求的通知》	提出国家能源局根据国家能源战略、国家能源总体规划等有关能源发展和结构调整的部署，结合风能资源、配套电网建设、市场消纳和产业技术水平等条件，统筹制定全国风电发展规划，明确风电发展的总体目标、布局和保障措施，并通过年度实施方案进行调整和落实
2015	《关于印发"十二五"第五批风电项目核准计划的通知》	列入"十二五"第五批风电核准计划的项目共计 3400 万 kW
2015	《关于进一步完善风电年度开发方案管理工作的通知》	采用年度开发方案指导各省风电年度建设规模、布局，纳入年度开发方案的项目，按有关管理规定享受电价补贴。风电年度开发方案是指根据全国风电发展规划要求，按年度编制的滚动实施方案

1. 加强风电项目建设管理

2012—2015 年，下发"十二五"第二～第五批风电项目核准计划，加强风电项目的建设管理，严格按照计划核准项目，推动解决风电地方规划与国家规划不协调问题。2011 年开始，国家能源局确立了通过下达风电项目年度计划加强风电项目核准管理的办法，即国家能源局根据各省（自治区、直辖市）上报的风电发展规划和年度开发方案，下达拟核准风电项目计划，各地区按下达的计划和项目核准权限开展核准工作；电网企业依据批复的风电规划和年度开发方案，落实风电场配套电网送出工程；未列入风电开发计划的项目，不享受国家电价补贴。

2012 年 3 月 19 日，国家能源局发布《关于印发"十二五"第二批风电项目核准计划的通知》，同意将前期工作充分、电网接入条件落实的项目列入"十二五"第二批拟核准风电项目计划，总容量 1675.4 万 kW。其中，国家电网经营区（含蒙西）1342.4 万 kW，南方电网 333 万 kW。分类型看，常规项目 1492 万 kW，示范项目 99.7 万 kW（包括风储一体化、风电供热、风光互补、大型风机示范等）、分散式接入项目 83.7 万 kW（其中陕西省 60 万 kW）。分地区看，国家能源局调整了开发布局重点，"三北"（东北、华北、西北）地区占 47%，拟核准容量得到适当控制，其中华北 481 万 kW，东北 116 万 kW，西北 196 万 kW，分别占全国总容量的 28.7%、6.9% 与 11.7%；华东、华中和南方电网占 53%，其中华东容量为 255 万 kW，华中容量为 295 万 kW，南方容量为 333 万 kW，分别占全国总容量的 15.2%、17.6% 与 19.9%。吉林、黑龙江、内蒙古、甘肃、新疆等目前弃风较为严重的地区以及宁夏都没有常规项目核准，仅内蒙古（蒙东 9.9 万 kW、蒙西 44.75 万 kW）、吉林（4.95 万 kW）、新疆（11.9 万 kW）、甘肃（40 万 kW）安排了 111.5 万 kW 的示范项目和分散式项目。

2013 年 3 月 11 日，国家能源局发布《关于印发"十二五"第三批风电项目核准计划的通知》，列入"十二五"第三批风电核准计划的项目共 491 个，总装机容量 2797 万 kW。此外，安排促进风电并网运行和消纳示范项目 4 个，总装机容量 75 万 kW。上述两类项目合计 2872 万 kW。

2014 年 2 月 13 日，国家能源局发布《关于印发"十二五"第四批风电项目核准计划的通知》，列入"十二五"第四批风电核准计划的项目总装机容量 2760 万 kW。

2015 年 4 月 24 日，国家能源局发布《关于印发"十二五"第五批风电项目核准计划的通知》，各省（自治区、直辖市）能源主管部门自主提出了列入"十二五"第五批风电核准计划的项目共计 3400 万 kW。考虑到第一季度新疆（含兵团）、吉林、辽宁等省（自治区）弃风限电比例增长较快，暂不安排新增项目建设规模，待上述省（自治区）弃风限电问题有效缓解后另行研究制定。分散式接入风电项目由各省（自治区、直辖市）严格按照分散式接入风电的技术标准自行核准建设，不再纳入核准计划下发，建成后按有关规定纳入国家补贴目录。

2. 年度开发方案作为风电发展的依据

2015 年 5 月，落实国务院简政放权和转变政府职能总体要求，以年度开发方案作为实施风电行业宏观管理和对地方能源主管部门工作进行指导、监管的基本依据，不再统一印发含项目清单的核准计划。2014 年 7 月 29 日，国家能源局发布《关于加强风电项目开发建设管理有关要求的通知》（国能新能〔2014〕357 号），提出国家能源局根据国家能源战略、国家能源总体规划等有关能源发展和结构调整的部署，结合风能资源、配套电网建设、市场消纳和产业技术水平等条件，统筹制定全国风电发展规划，明确风电发展的总体目标、布局和保障措施，并通过年度实施方案进行调整和落实。各省（自治区、直辖市）能源主管部门根据全国风电发展规划的要求，结合本地区实际编制本省（自治区、直辖市）风电发展规划，根据本地区风能资源和电力市场条件，明确本地区风电发展目标、项目布局和保障措施等，并根据年度实施方案做好项目建设的统筹协调工作。2015 年 5 月 15 日，国家能源局发布《关于进一步完善风电年度开发方案管理工作的通知》（国能新能〔2015〕163 号），采用年度开发方案指导各省风电年度建设规模、布局，纳入年度开发方案的项目，按有关管理规定享受电价补贴。风电年度开发方案是指根据全国风电发展规划要求，按年度编制的滚动实施方案。

全国年度开发方案包括各省（自治区、直辖市）年度建设规模、布局、运行指标和有关管理要求。各省（自治区、直辖市）年度开发方案根据本省（自治区、直辖市）风电发展规划和全国年度开发方案的要求编制，包括项目清单、预计项目核准时间、预计项目投产时间、风电运行指标和对本地电网企业的管理要求。

各省（自治区、直辖市）能源主管部门应按照以下原则确定年度建设规模：不存在弃风限电情况的省（自治区、直辖市）每年由各省（自治区、直辖市）能源主管部门根据本省（自治区、直辖市）风电建设情况和本省（自治区、直辖市）风电发展规划，按照平稳有序发展的原则，自主提出本年度的开发建设规模。出现弃风限电问题的省（自治区、直辖市），须对本地区风电开发建设和并网运行情况进行深入分析评估，科学制定本年度风电开发建设的规模和布局，同时要编制相关的分析评估报告，提出保障风电并网运行的措施和预计风电运行指标，报能源局作为对地方能源主管部门的建设和运行责任进行考核和监管的依据。弃风限电比例超过 20% 的地区不得安排新的建设项目，且须采取有效措施改善风电并网运行情况，研究提出促进风电并网和消纳的技术方案，报能源局作为对地方能源主管部门的建设和运行责任进行考核和监管的依据。

（三）并网及运行管理：加强风电建设和运行管理，保障风电并网和消纳

2012—2015 年我国颁布的新能源运行消纳相关政策法规见表 2-4。

表 2-4　　　　　2012—2015 年我国颁布的新能源运行消纳相关政策法规

颁布年份	名　称	主　要　内　容
2012	《关于规范风电开发建设管理有关要求的通知》	提出加强风电运行管理工作，通过开展风电功率预测预报、提高风机技术水平、加强需求侧管理、开展风电供热或储能等多种举措，积极开拓风电市场、提高风能利用效率。对风电弃风率超过 20% 的地区，原则上不得安排新的风电项目建设
2012	《关于加强风电并网和消纳工作有关要求的通知》	提出风电并网运行和消纳问题已经成为制约我国风电持续健康发展的重要因素，要把保障风电运行作为当前风电管理的重要工作
2013	《关于做好 2013 年风电并网和消纳相关工作的通知》	更加高度重视风电的消纳和利用，把提高风电利用率作为做好能源工作的重要标准。认真分析风电限电的原因，尽快消除弃风限电。加强资源丰富区域的消纳方案研究，保障风电装机持续稳定增长。加强风电配套电网建设，做好风电并网服务工作
2014	《关于做好 2014 年风电并网消纳工作的通知》	提出着力保障重点地区的风电消纳、加强风电基地配套送出通道建设、大力推动分散风能资源的开发建设、优化风电并网运行和调度管理、做好风电并网服务等管理措施，进一步促进风电并网消纳
2015	《关于做好 2015 年度风电并网消纳有关工作的通知》	提出弃风限电问题仍是影响我国风电健康发展的主要矛盾

1. 逐年下发风电并网和消纳工作要求

2012 年以来，风电消纳问题持续受到关注。2012—2015 年，国家每年下发风电并网和消纳相关工作要求，推动加强风电建设和运行管理、保障风电并网和消纳。

2012 年 2 月，国家能源局发布《关于规范风电开发建设管理有关要求的通知》（国能新能〔2012〕47 号），提出加强风电运行管理工作，通过开展风电功率预测预报、提高风机技术水平、加强需求侧管理、开展风电供热或储能等多种举措，积极开拓风电市场、提高风能利用效率。对风电弃风率超过 20% 的地区，原则上不得安排新的风电项目建设。

2012 年 6 月，国家能源局发布《关于加强风电并网和消纳工作有关要求的通知》（国能新能〔2012〕135 号），提出风电并网运行和消纳问题已经成为制约我国风电持续健康发展的重要因素，要把保障风电运行作为当前风电管理的重要工作，积极鼓励风能资源丰富地区开展采用蓄热电锅炉、各类储能技术等促进风电就地消纳的试点和示范工作，加快建立风电场与供热、高载能等大电力用户和电力系统的协调运行机制；要把落实年度风电开发方案中确定的各风

电项目的接入电网建设和电力市场消纳作为当前支持风电建设的重要任务，今后各省（自治区、直辖市）风电并网运行情况将作为新安排风电开发规模和项目布局的重要参考指标，风电利用小时数明显偏低的地区不得进一步扩大建设规模；电网公司要统筹协调系统内调峰电源配置，深入挖掘电力系统调峰潜力，把保障风电优先上网作为电力运行管理的重要内容，采取有效措施缓解夜间负荷低谷时段风电并网运行困难。

2012 年 7 月，《风电发展"十二五"规划》中提出坚持项目开发与电网建设相协调。协调风电项目与配套电网建设，完善风电并网管理，建立适应风电特点的电力运行机制。统筹协调风电开发与电网建设，合理配置电力系统内的各类调峰电源，改善电网负荷特性，结合电力输送通道建设扩大风电消纳范围，提高电力系统消纳风电的能力，保障风电高效可靠运行。

2013 年 2 月，国家能源局发布《关于做好 2013 年风电并网和消纳相关工作的通知》（国能新能〔2013〕65 号），提出：①更加高度重视风电的消纳和利用，把提高风电利用率作为做好能源工作的重要标准。要加强监测各省（自治区、直辖市）风电并网的运行情况，把风电利用率作为年度安排风电开发规模和项目布局的重要依据；风电运行情况好的地区可适当加快建设进度，风电利用率很低的地区在解决严重弃风问题之前原则上不再扩大风电建设规模。②认真分析风电限电的原因，尽快消除弃风限电。内蒙古自治区和吉林省要把推广风电供热作为当前重要工作，加强规划引导，完善政策措施，优化电网运行管理，着力提高风电在电力消费中的比重；甘肃省要认真研究酒泉基地的建设方案和消纳市场，加强风电与高载能负荷的协调运行，充分发挥风水互补运行优势，着力做好酒泉基地的风电建设和管理工作；河北省要督促有关企业落实张家口风电发展座谈会的有关要求，加快推进张家口地区与京津唐电网和河北南网的输电通道建设，大力解决弃风限电问题。③加强资源丰富区域的消纳方案研究，保障风电装机持续稳定增长。对开发潜力较大、未来风电建设规模增长较快的地区，要未雨绸缪，加强风电消纳技术方案的研究，为保障今后风电持续健康稳定发展打好基础。④加强风电配套电网建设，做好风电并网服务工作。各电网企业要把保障风电消纳作为电力管理的重要内容，加强电网建设，打破行政区域限制，扩大风能资源配置范围，提高电网消纳风电的能力。要进一步优化电网运行调度，科学安排风电场运行，统筹协调系统内调峰电源配置，深入挖掘系统调峰潜力，确保风电优先上网。

2014 年 3 月，国家能源局发布《关于做好 2014 年风电并网消纳工作的通知》（国能新能〔2014〕136 号），提出着力保障重点地区的风电消纳、加强风电基地配套送出通道建设、大力推动分散风能资源的开发建设、优化风电并网运行和调度管理、做好风电并网服务等管理措施，进一步促进风电并网消纳。

2015 年 3 月，国家能源局发布《关于做好 2015 年度风电并网消纳有关工作的通知》（国能新能〔2015〕82 号），提出弃风限电问题仍是影响我国风电健康发展的主要矛盾。此外，风电机组和风电场运行管理也面临不少问题，特别是设备故障和风电场非计划停运较为突出，必须引起高度重视。从认真做好风电建设的前期工作、统筹做好"三北"地区风电的就地利用和外送基地的规划工作、加快中东部和南方地区风电的开发建设、积极开拓适应风能资源特点的风电消纳市场、加强风电场的建设和运行管理工作等方面进一步加强管理，促进风电并网消纳。

2. 开展风电清洁供暖促进风电消纳

2015 年 6 月，国家能源局发布《关于开展风电清洁供暖工作的通知》（国能综新能〔2015〕306 号），提出结合风能资源特点和风电发展需求，研究利用冬季夜间风电进行清洁供暖的可行性，制定促进风电清洁供暖应用的实施方案和政策措施，因地制宜开展风电清洁供暖工作。按照每 1 万 kW 风电配套制热量满足 2 万 m² 建筑供暖需求的标准确定参与供暖的装机容量，鼓励新建建筑优先使用风电清洁供暖技术。鼓励风电场与电力用户采取直接交易的模式供电。

（四）市场交易：鼓励可再生能源参与市场

2015 年 3 月，国务院下发中央文件〔2015〕9 号《关于进一步深化电力体制改革的若干意见》（简称"中发 9 号文"）。按照文件精神，此轮电力改革的重点和路径是"三放开一独立三强化"，即有序放开输配以外的竞争性环节电价，有序向社会资本放开配售电业务，有序放开公益性和调节性以外的发用电计划；推进交易机构相对独立；进一步强化政府监管，进一步强化电力统筹规划，进一步强化电力安全高效运行和可靠供应。

促进新能源并网消纳是新一轮电力体制改革实施方案和试点工作中的一项重要内容。国家出台的 6 份改革配套文件中与新能源消纳关系最密切的配套文件主要有 2 份，分别是《关于有序放开发用电计划的实施意见》（简称《计划放开意见》）与《关于推进电力市场建设的实施意见》（简称《市场建设意见》）。

对于试点地区，《市场建设意见》提出：选择具备条件的地区开展试点，建成包括中长期和现货市场等较为完整的电力市场。形成促进可再生能源利用的市场机制，鼓励可再生能源参与市场化交易。在推动电力供应使用从传统的统销统购模式向现代交易模式转变过程中，文件提出鼓励可再生能源参与市场，鼓励跨省跨区消纳可再生能源，同时提出推动可再生能源替代燃煤自备电厂发电的交易方式。

对非试点地区，《计划放开意见》提出：通过建立优先发电制度，促进新能源消纳。纳入规划的风能、太阳能等可再生能源发电，以及调峰调频电量、采暖期热电联产机组"以热定电"等优先发电。通过留足计划空间、加强电力外送和消纳、统一预测出力、组织实施替代等措施保障优先发电。

（五）电价及财税金融：下调风电和光伏上网电价，上调可再生能源电价附加标准，下发可再生能源电价附加资金补助目录

1. 持续下调风电、光伏上网电价

2012 年 3 月 14 日，财政部、国家发展改革委、国家能源局联合发布《可再生能源电价附加补助资金管理暂行办法》，为促进可再生能源开发利用，规范可再生能源电价附加资金管理，对符合条件的项目进行可再生能源电价附加资金补助。针对包括风力发电、生物质能发电、太阳能发电、地热能发电和海洋能发电等在内的可再生能源，规范其电价附加补助的主体要求、审核步骤、补助标准以及资金拨付和管理方式等。

2012—2015 年，国家发展改革委两次下调风电上网电价、一次下调光伏发电上网电价。2014 年 12 月 31 日，国家发展改革委发布《关于适当调整陆上风电标杆上网电价的通知》（发改价格〔2014〕3008 号），宣布对陆上风电继续实行分资源区标杆上网电价政策。将第 Ⅰ 类、第 Ⅱ 类和第Ⅲ类资源区风电标杆上网电价降低 2 分/kWh，调整后的标杆上网电价分别为 0.49 元/kWh、0.52 元/kWh、0.56 元/kWh，第Ⅳ类资源区风电标杆上网电价维持现行 0.61 元/kWh。2015 年 12 月 22 日，国家发展改革委《关于完善陆上风电光伏发电上网标杆电价政策的通知》（发改价格〔2015〕3044 号）规定，Ⅰ～Ⅳ类资源区陆上风电项目上网电价分别为 0.47、0.50、0.54 元/kWh 和 0.60 元/kWh；Ⅰ～Ⅲ类资源区光伏发电上网电价分别调整为 0.8、0.88、0.98 元/kWh。

2. 两次上调可再生能源电价附加标准

2013 年 8 月，国家发展改革委印发《关于调整可再生能源电价附加标准与环保电价有关事项的通知》，将可再生能源电价附加标准由 8 厘/kWh 提高到 1.5 分/kWh。2015 年 12 月 31 日，国家发展改革委发布通知，将可再生能源电价附加征收标准提高到 1.9 分/kWh。对居民用户电价附加标准为 0～8 厘/kWh 且各省（自治区、直辖市）执行标准不同，对农业生产用电和西藏用电予以免收。

3. 下发可再生能源电价附加资金补助目录

2012—2015 年，国家共发布 5 批可再生能源电价附加资金补助目录。根据《财政部 国家发展改革委 国家能源局关于印发〈可再生能源电价附加补助资金管理暂行办法〉的通知》（财建〔2012〕102 号）要求，财政部、国家发展改

革委、国家能源局将符合条件的项目列入可再生能源电价附加资金补助目录，省级电网企业、地方独立电网企业根据本级电网覆盖范围内列入可再生能源电价附加资金补助目录情况提出可再生能源电价附加补助资金申请。2012 年6 月，国家能源局公布《可再生能源电价附加资金补助目录（第一批）》，公布第一批纳入国家可再生能源附加资金补助的项目。并于 2012 年 9 月、2012 年12 月、2013 年 2 月、2014 年 8 月分别下发第 2～5 批可再生能源电价附加资金补助目录。

二、东北地区能源主管部门发布的主要政策

（一）运行管理

2012 年 3 月 5 日，内蒙古自治区经济和信息化委员会印发《2012 年全区电力运行工作要点》（内经信电力字〔2012〕155 号），提出深化电力体制改革，继续推进电力市场建设工作。建立和完善电力多边交易市场机制，积极推动蒙东地区电力用户与发电企业直接交易，研究制定自治区发电企业发电权交易政策，积极推进跨省区电力交易。同时，抓好风电运行管理工作。依据国家风电运行管理工作的相关要求，研究制定自治区风电运行管理办法，规范风电调度运行管理，加强风电运行管理的考核评价，促进实现风电"三公"调度，继续做好风电安全性评价工作。

2014 年 10 月 31 日，内蒙古自治区经济和信息化委员会印发《关于调整2014 年度蒙东地区地方公用和企业自备电厂发电量预期调控目标的通知》（内经信电力字〔2014〕504 号），提出 2014 年度蒙东地区地方公用和企业自备电厂发电量预期调控目标调整为 302.472 亿 kWh。其中：地调火电 169.05 亿 kWh（地方公用火电厂发电量计划 88.78 亿 kWh、企业自备电厂 80.27 亿 kWh），水电 1.6 亿 kWh，风电 128 亿 kWh，生物质发电 1.82 亿 kWh，光伏 2 亿 kWh。

2015 年 12 月 29 日，内蒙古自治区经济和信息化委员会印发《关于调整2015 年度蒙东地区地方公用和企业自备电厂发电量预期调控目标的通知》（内经信电力字〔2015〕430 号），提出 2015 年度蒙东地区地方公用和企业自备电厂发电量预期调控目标调整为 345.9 亿 kWh。其中：火电 181.7 亿 kWh（地方公用火电厂发电量计划 93.3 亿 kWh、企业自备电厂 88.3 亿 kWh），水电 1.3 亿 kWh，风电 152.7 亿 kWh，生物质发电 2.6 亿 kWh，光伏 7.6 亿 kWh。

（二）市场交易

2012 年 7 月 19 日，东北能源监管局印发《蒙东地区风火替代交易暂行办法》，提出当电网由于调峰或网络约束等原因无法全部接纳风电上网电量，需采取限制风电出力措施时，参与交易的火电企业降低出力，为与其交易的风电企

业提供发电空间，减少限制风电出力，由风电企业替代火电发电，风电企业按照协议约定给予火电企业经济补偿。蒙东地区风火替代交易以同一省（自治区）风电与火电企业交易为主，鼓励同一网架约束条件下、同发电集团的风电企业和火电企业优先开展，根据实际需求适时开展跨省（自治区）风火替代交易。蒙东地区风火替代交易以双边交易模式为主，根据实际需求适时开展挂牌交易。蒙东地区风火替代交易在不影响电网安全稳定运行、不影响机组可靠供热的前提下开展。交易不影响最小运行方式核定，不影响电网联络线电量计划，不影响辅助服务调峰补偿。火电企业交易电量，视同完成年度合约电量。

2013 年 1 月 25 日，东北能源监管局下发《东北电网富余风电送华北电量交易组织暂行办法》，东北电网富余风电是指东北电网自身无法完全消纳的风电上网电量。东北电网富余风电送华北电量交易作为东北电力市场的组成部分，是在保证电网安全的基础上，以平等、自愿为原则，采用市场化手段，在东北电力市场平台上开展的将富余风电跨区域送电单边市场交易。风电送华北电量交易的市场主体为东北电网有限公司、辽宁省电力有限公司、吉林省电力有限公司、黑龙江省电力有限公司、内蒙古东部电力有限公司以及东北电网网省调度直调的风电场。当年投产并网的风电机组从下一年开始参与市场交易。

2014 年 10 月 1 日，东北能源监管局下发《东北电力辅助服务调峰市场监管办法（试行）》，将火电（含生物质）、风电、光伏和核电同时确定为调峰辅助服务主体参与者，共同承担电网调峰任务，获得调峰辅助服务收益，并按比例分摊调峰辅助服务补偿费用。规定了火电机组非供热期基本调峰辅助服务调峰率为 48%，提高了可免费调用的火电机组调峰容量。监管办法充分考虑市场在资源配置中的决定作用，在保证电网安全、机组稳定的前提下，充分利用经济手段调动发电企业的调峰积极性，是更好接纳风电资源的有益尝试。

2014 年 12 月 26 日，华北能源监管局、东北能源监管局印发《华北集中电采暖用户与东北低谷富余风电直接交易暂行办法》，参照大用户直接交易方式，组织开展华北集中电采暖用户与东北低谷富余风电直接交易。电采暖跨区直接交易是在保证电网安全的基础上，以平等、自愿为原则，在国家电网有限公司电力交易平台上开展的电力直接交易。

第二节　新能源行业发展概况

该阶段我国新能源行业出现了严重的产能过剩问题，风电和光伏产业发展过快，行业产能严重超出市场需求，国际贸易环境也日趋恶化。在此情境下，国家出台大量政策措施进行规范和整改。在经过大规模的整合之后，整个行业逐渐回暖。在风电方面，国产风电机组单机容量达到 6MW，超低风速风机技术领域再次取得突破；同时，风电度电成本持续降低，到 2015 年陆上风电度电成本为 0.480 元/kWh，海上风电为 0.720 元/kWh。在太阳能方面，建成当时全球单体规模最大的 50MW 薄膜太阳能地面电站，研制的铜铟镓硒太阳能电池效率已达到 18.7%，迈入国际领先行列；另外，大型光伏电站的平均度电成本下降迅速，从 2010 年 1.97 元/kWh，下降到 2015 年 0.794 元/kWh。

一、风电行业发展概况

（一）技术水平

2012—2015 年，我国风电产品虽经历了美国"双反"，但在技术创新方面仍然走出中国道路。风力发电机组技术创新主要集中在风电机组单机容量、风电机组风轮直径以及低风速、高海拔风机发展等方面。在风电机组单机容量方面，2012 年，国电联合动力自主研发的 6MW 风力发电机组成功下线。华锐风电继 2011 年推出拥有自主知识产权的国内首台 6MW 风电机组后，公布了其 8MW 系列风机研发计划。在风电机组风轮直径方面，由中船重工海装风电自主研发的 5MW 海上风电机组风轮达到了 154m，在同类机组中实现了风轮直径最大、机头重量最轻。在低风速、高海拔风机发展方面，全球第一台 93m 风轮 1.5MW 超低风速发电机组在安徽成功并网发电，标志着我国在 2009 年自出创新推出全球首款 87m 风轮 1.5MW 低风速风机后，继续向超低风速风机技术领域挺进并再次取得突破。世界最高海拔风电项目国电龙源那曲高海拔试验风电场获批复并开工建设，实现了西藏大型风电"零"的突破。

（二）发电经济性

1. 初始投资成本

2012—2015 年，投产的陆上风电项目单位造价为 7267～8341 元/kW。"十二五"统计期间，陆上风电工程单位造价水平整体呈下降趋势。其中，2011—2012 年平均决算单位造价为 8103 元/kW，2013—2014 年平均决算单位造价为 7463 元/kW，2015 年平均决算单位造价为 7516 元/kW。

2012 年，我国海上风电初始投资成本约为 20800 元/kW，到 2015 年，我国海上风电初始投资成本下降为 16800 元/kW 左右，投资成本稳步下降，降幅达到 19%。

2. 度电成本

2015 年，我国陆上风电 LCOE 为 0.077 美元/kWh，折合人民币 0.480 元/kWh。2015 年，我国海上风电 LCOE0.116 美元/kWh，折合人民币 0.720 元/kWh。

二、太阳能发电行业发展概况

（一）技术水平

1. 行业情况

该阶段我国光伏行业出现了严重的产能过剩问题，在经过大规模的整合之后，整个产业逐渐回暖，并发展成为光伏行业全球领军国家。由于当时光伏产业发展无序，对外依存度高，技术基础和创新不足，以及国际贸易环境迅速恶化，特别是产业制造能力的增长远远超出了市场的增长，严重的产能过剩打乱了产业发展的正常节奏，导致我国光伏产业产能严重过剩。2012 年，光伏组件的产值和销售额双双下降，我国光伏企业的资产负债率不断增长，部分企业甚至面临现金链断裂的风险。数据显示，2012 年多晶硅产业情况进一步恶化，产量出现负增长，停产企业比例达到近 90%。在经历了 2012 年的低谷后进行了一轮较大规模的整合，并取得显著成果。同时光伏应用市场加速增长，在 2013 年实现新增装机容量 39.5GW，与 2012 年相比增加 23.4%，增速提高了近 18 个百分点。

受《光伏制造行业规范条件》《关于促进先进光伏技术产品应用和产业升级的意见》等政策驱动影响，我国光伏行业发展秩序渐趋合理，光伏市场中心迅速东移，中国成为全球光伏市场的领军国家。2015 年，全国新增并网光伏装机容量 7.73GW，累计装机容量达 35.7GW。我国企业加速拓展亚非拉新兴市场，并开展海外建厂，据不完全统计，已建成海外产能电池 800MW、组件 1.5GW，在建及扩建分别达 3.2GW 和 3GW；对欧美出口占比降至约 30%，欧美"双反"影响进一步降低。

但是在该阶段，我国光伏行业仍然面临着许多挑战。在出口方面，海外市场集中度依然较高、欧美等主要市场对华贸易摩擦影响持续、产品同质化严重、低价恶性竞争、行业整体供需面临失衡等问题亟待解决。国际市场贸易壁垒仍然较高，国内市场限电和土地等压力仍在，扶持政策调整带来的市场波动频繁且异常剧烈。

2. 组件发展

2012 年，晶体硅电池已经广泛应用于太阳能发电，在市场上占有 80% 以上的份额，薄膜电池增长迅速，占 10% 以上，聚光和新型太阳能电池应用场合较少。光伏发电技术创新主要集中在薄膜太阳能电池、新型太阳能电池及其制造工艺上，电池的能量转换效率有所提高，制造成本下降。在薄膜电池技术方面，虽然晶体硅电池在市场上占有较大份额，但是中国开始利用薄膜太阳能电池技术，青海建成中国规模最大的薄膜太阳能地面电站，该项目是 50MW 薄膜太阳能地面电站，在当时是全球单体规模最大的薄膜太阳能地面电站，也是国内使用薄膜组件安装的最大地面光伏电站。此外，中国第二代薄膜太阳能电池核心技术达到国际先进水平，在当时，全球效率最高的薄膜电池是瑞士材料科技联邦实验室研发的铜铟镓硒太阳能电池，效率为20.4%。而中国科学院研制的铜铟镓硒太阳能电池效率已达到18.7%，已经迈入国际领先行列。在新型太阳能电池发电技术方面，一是中国单结聚合太阳能电池效率提高到9.31%，达到世界领先水平；二是有机太阳能电池以其以质轻、价廉、材料设计可控和可实现大面积柔性制备等特点，引起了学者们的广泛关注，并且在实验室条件下，转换效率已经提高到了10.6%，初步具备了商业化的可能性。

2013年是钙钛矿型太阳能电池发展迅猛的一年，其效率已提高到15%，在当时预测未来有望达到50%，届时将大幅度降低太阳能发电成本。新型电池种类的薄膜太阳能电池转换效率有了突破，柔性太阳能电池技术不断进步，使得薄膜电池应用于更多的建筑物表面。在薄膜电池技术方面，除了铜铟镓硒薄膜电池之外，其他新型种类的薄膜太阳能电池转换效率有了新的突破。其中，瑞典隆德大学研究的纳米线太阳能电池转换效率达到13.8%，芬兰Aalto大学研发的黑硅太阳能电池转换效率达到18.7%。在新型太阳能电池技术方面，钙钛矿太阳能电池得到了迅速发展，其光电转换效率由最初的3.8%发展到了15%，能量转换效率已经超过了染料敏化太阳能电池、有机太阳能电池。此外，叠层太阳能电池技术在2013年也有所发展。叠层太阳能电池技术通过增加不同p-n结个数来有效提高单位面积上的太阳能吸收率，该技术使从两结到四结的太阳能电池的效率均有所提高。

2014年是太阳能发电技术发展迅猛的一年，从传统的晶硅太阳能电池技术到薄膜太阳能发电技术，乃至更尖端的叠层太阳能电池技术领域，太阳能发电技术实现进一步突破。在晶硅太阳能电池技术方面，松下研发的住宅用"HIT太阳能电池"的核心元件，通过保留部分异质结、去掉受光面电极的"背接触结构"的方法，将能量转换效率进一步提高到了25.6%。在薄膜太阳能电池技术方面，德国的Manz集团联合巴登-符腾堡邦太阳能和氢能研究中心（ZSW）研发的薄膜太阳能电池创下了21.7%的新世界纪录。而同年国内的中国汉能研发的薄膜太阳能电池效率也达到了21%，迈入国际领先行列。此外，在新型太阳能电池技术方面，钙钛矿太阳能电池技术在国内的研究也有突破性进展。一方面北京大学与西安交通大学合作，通过分步溶液成膜方法对掺氯钙钛矿材料进行优化，并进一步研究钙钛矿薄膜材料的成膜条件，实现对钙钛矿薄膜形貌的调控，成功制备介观结构的钙钛矿太阳能电池，同时提高太阳能电池的吸光能力及电荷传输能力。另一方面，厦门惟华光能有限公司研制出的钙钛矿太阳能电池光电转换效率已达 19.6%，超越了欧美、日本、韩国等研究所公开发表的同类型电池的转化效率，成为全球第一。

2015 年，太阳能电池技术有了进一步发展。第四代多晶硅电池技术将电池转化效率进一步调高至 18.5%，背面钝化 PERC 电池技术也引起了产业的关注。此外，薄膜电池和其他新型电池也有所发展。在晶硅电池技术方面，常规单晶及多晶电池片产业化转换效率分别达到 19.5% 和 18.3%。多晶电池效率受到硅片质量的影响较大，目前采用第三代高效多晶硅片（M3）一般电池效率为 18.0%～18.2%，研发采用第四代高效多晶硅片电池效率可以达到 18.3%～18.5%。此外，运用背面钝化技术（passivated emitter and rear cell，PERC），可将电池转化效率提高 0.6%～1%，这使得背面钝化技术在当时得到业界的广泛关注。值得一提的是，在当年市场上以单晶 PERC 电池为主，平均效率一般为 20.2%～20.6% 时，常州天合光能在商用多晶和单晶上的电池效率分别达到了 20.8% 和 21.45%（第三方测试结果），均成为当时工业级 PERC 电池的世界纪录，其中多晶电池效率打破了德国 Fraunhofer ISE 研究所保持了 10 年的小面积 20.4% 的纪录，成为新的多晶电池世界纪录。在薄膜电池技术方面，碲化镉 CdTe 薄膜电池和铜铟镓硒 CIGS 薄膜电池发展较快，分别占市场份额的 56.8% 和 29.6%。CIGS 的全面积量产转换效率达 16.1%，实验室最高转换效率达到 22.3%。在 CdTe 电池领域，FirstSolar 的 CdTe 电池实验室转换效率达到 22.1%，创下新的世界纪录，而量产组件的平均转换效率达到了 16.1%。此外，砷化镓 GaAs 电池的研究有所突破。GaAs 的禁带宽度比硅更宽，因此它的光谱响应性和空间太阳光谱匹配能力更好。单结的 GaAs 电池理论效率超过 30%，多结的可达 60%。2015 年，汉能子公司 AltaDevices 的单结 GaAs 电池转换效率达到 28.8%，接近理论最高水平。在新型太阳能电池技术方面，一是由瑞士洛桑联邦理工学院（EPFL）研发的新型钙钛矿太阳能电池转换效率达 21.02%，再次打破世界纪录；二是香港科技大学基于新型 PFBT4T-20D 聚合物材料的器件，效率达 10.8%；三是德国研究者的研究使有机光伏多结电池的转换效率达到了 13.2%，创造了新的有机太阳能电池转换效率的世界纪录。

3. 涉网能力

2012—2015 年，提升太阳能涉网能力的技术主要有以下三类：

（1）运行控制和发电预测技术。经过前一阶段的不断探索和研究，太阳能发电技术快速发展，其中主要的创新包括运行控制和发电预测两方面。通过控制变流器等设备，实现发电功率的平稳输出。尤其是在发电功率预测方面，我国首套"电网光伏发电功率预测系统"投入运行，提高了光伏发电大规模并网安全水平，促进了电网安全管理和经济调度。由国网电力科学研究院承建的具有短期和超短期预测功能的首套"电网光伏发电功率预测系统"在甘肃通过验收并投入运行。甘肃电网光伏发电功率预测系统于 2012 年 9 月 10 日在甘肃省电力调度通信中心上线试运行，系统具备对甘肃省直调的分布在敦煌、金塔和嘉峪关 3 个地区 5 座 1 万 kW 并网型光伏电站的输出功率进行 24h 短期预测和 15min～4h 超短期预测，可为调度人员提供决策参考，提升电网对光伏电站的调度管理能力。

（2）先进大规模光伏发电并网分析及运行控制仿真系统。随着太阳能发电在国内的飞速发展，开发先进大规模光伏发电并网分析及运行控制仿真系统，提高系统安全运行能力势在必行。于是在 2013 年，国内开发了先进大规模光伏发电并网分析及运行控制仿真系统，该系统建立了基于特性参数集的通用化光伏暂态和稳态仿真模型，能够仿真研究大规模光伏发电接入后电网的运行特性；提供了针对光伏发电并网特性的分层分区控制结构及自适应电网运行方式的稳控切机控制技术，采取智能选择切机点及切机量的动态分配方法，解决了电网故障后光伏电源的全局协调与优化紧急控制难题。同时，该系统提出了基于超短期功率预测的光伏发电调度计划方法，开发了多时间尺度的光伏功率预测系统和国内首个百万千瓦级光伏发电调度计划系统，可解决光伏电站功率瞬时波动难以把握的难题，可实现高渗透率光伏发电的电网日前和日内滚动协调优化调度；并建立了网源协调的三级递阶光伏发电功率控制系统，可实现光伏发电有功功率和无功功率的自动平滑调节。

（3）柔性直流输电技术。2015 年，柔性直流输电技术发展到了比较成熟的阶段。随着电压源换流器技术的发展成熟以及可关断器件、直流电缆制造水平的不断提高，柔性直流输电的发展潜力日益显现。中国南方电网有限责任公司于 2013 年 12 月建成投运了世界第一个柔性直流输电工程——南澳柔性直流输电示范工程。随后 2014 年 7 月，国家电网有限公司建成投运了世界上电压等级最高、端数最多、单端容量最大的柔性直流输电工程——舟山多端柔性直流输电示范工程，推动多端直流输电技术的发展实现新的突破。2015 年 12 月，世界上首个采用真双极接线、额定电压和输送容量双双达到国际之最的柔性直流工程——福建厦门 ±320kV 柔性直流输电科技示范工程正式投运。

（二）发电经济性

1. 光伏组件价格

2010—2015 年，世界光伏组件的价格下降了 75%～80%。2015 年，世界平均组件价格约为 0.611 美元/Wp（折合人民币 3.85 元/Wp），中国晶硅组件平均价格约为 0.599 美元/Wp（折合人民币 3.77 元/Wp）。

2. 初始投资成本

2015 年，全球大型光伏电站单位投资成本为 1000～3460 美元/kW（折合人民币 6300～21798 元/kW）。2014—2015 年中国光伏电站项目平均单位造价为 8225 元/kW，较 2013 年降低约 1000 元/kW。其中，设备及安装工程费用所占总投资份额最大，约占总投资的 80%，包括发电场设备安装、升压变电站设备安装、控制保护设备安装、其他设备安装费用四部分；其次是建筑工程费用，约占总投资的 12%，包括发电场工程、升压变电站工程、房屋建筑工程、交通工程、其他工程费用五部分。造价降低的主要原因是电池组件价格降低，近两年组件价格（含运费）较 2013 年降幅约 6%。

3．度电成本

随着太阳能技术的快速发展，大型光伏电站的平均度电成本下降迅速，从 2010 年的 0.32 美元/kWh（折合人民币 1.97 元/kWh）下降到了 2015 年的 0.126 美元/kWh（折合人民币 0.794 元/kWh）。到 2015 年，全球大型光伏电站 LCOE 约为 0.126 美元/kWh（折合人民币约 0.794 元/kWh），国内大型光伏电站 LCOE 约为 0.109 美元/kWh（折合人民币约 0.687 元/kWh），低于上网电价。

第三节 东北地区新能源发展及消纳概况

2012—2015 年，我国东北地区累计总装机容量超过 1 亿 kW。同时，新能源发展迅猛，风电累计装机突破 2000 万 kW，太阳能发电也开始初步发展。截至 2015 年年底，东北电网发电总装机容量 12227 万 kW，同比增长 3%。其中，风电、太阳能装机容量分别为 2467 万、83 万 kW，占总装机容量的 20% 和 1%。2015 年，东北电网年发电量 4117 亿 kWh，同比下降 1.8%。其中，风电发电量同比增长 20.9%。用电负荷方面，2015 年，东北电网年用电量 3931 亿 kWh，同比下降 2%。其中，辽宁省用电量最多，为 1985 亿 kWh。此外，东北电网年最大用电负荷 5477 万 kW，同比下降 0.4%。其中，辽宁最大用电负荷最高，为 2339 万 kW。

一、装机容量及发电量概况

1．装机容量

截至 2015 年年底，东北电网发电总装机容量 12227 万 kW，同比增长 3%。其中，水电、火电、核电、风电、太阳能装机容量占比分别为 7%、70%、2%、20%、1%。东北电网电源结构如图 2-1 所示。

2012—2015 年，东北电网总装机容量年均增长 5.4%。其中，火电年均增长 3.6%，风电年均增长 13.2%，水电年均增长 3.6%，核电年均增长 50%。2012—2015 年东北电网装机容量变化如图 2-2 所示，各类电源装机容量变化如图 2-3

所示，各类电源装机容量增速如图 2-4 所示。

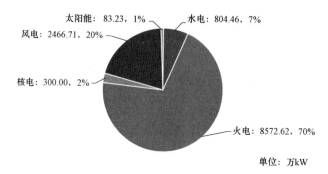

单位：万kW

图 2-1 东北电网电源结构

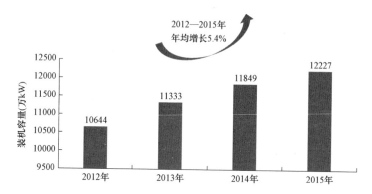

图 2-2 2012—2015 年东北电网装机容量变化图

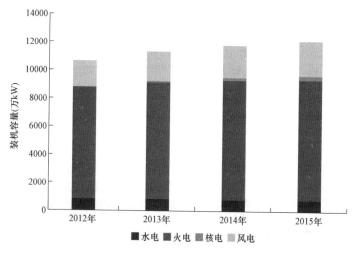

图 2-3 2012—2015 年东北电网各类电源装机容量变化图

2012—2015 年，辽宁电网总装机容量年均增长 6.2%。其中，火电年均增长 2.0%，风电年均增长 12.4%，水电年均增长 1.5%，核电年均增长 66.4%。

2012—2015 年辽宁电网装机容量变化如图 2-5 所示，各类电源装机容量增速如图 2-6 所示。

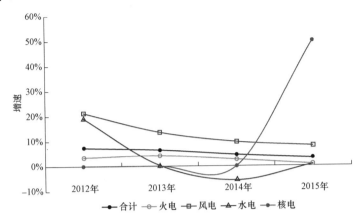

图 2-4　2012—2015 年东北电网各类电源装机容量增速图

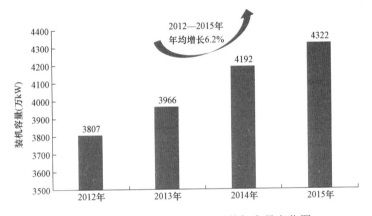

图 2-5　2012—2015 年辽宁电网装机容量变化图

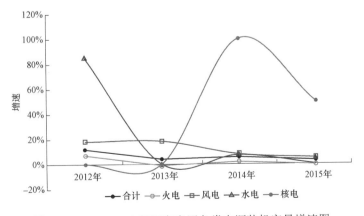

图 2-6　2012—2015 年辽宁电网各类电源装机容量增速图

吉林电网总装机容量年均增长 3.2%。其中，火电年均增长 3.0%，风电年均增长 11.8%，水电年均增长 0.1%。2012—2015 年吉林电网装机容量变化如图 2-7 所示，各类电源装机容量增速如图 2-8 所示。

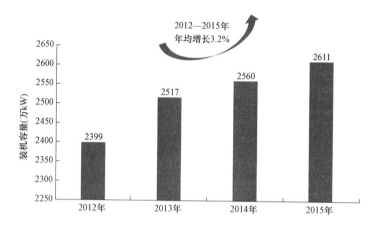

图 2-7　2012—2015 年吉林电网装机容量变化图

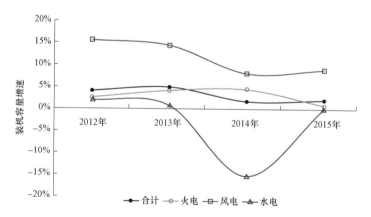

图 2-8　2012—2015 年吉林电网各类电源装机容量增速图

黑龙江电网总装机容量年均增长 6.1%。其中，火电年均增长 3.6%，风电年均增长 20.3%，水电年均增长 1.6%。2012—2015 年黑龙江电网装机容量变化如图 2-9 所示，各类电源装机容量增速如图 2-10 所示。

蒙东电网总装机容量年均增长 10.2%。其中，火电年均增长 5.3%，水电年均增长 0.5%，风电年均增长 23.1%。2012—2015 年蒙东电网装机容量变化图如图 2-11 所示，各类电源装机容量增速如图 2-12 所示。

2. 发电量

2015 年，东北电网年发电量 4117 亿 kWh，同比下降 1.7%。其中，水电、火电发电量同比分别下降 25.9%、2.6%，核电、风电发电量同比分别增加 17.3%、4.6%。东北电网分类型发电量占比如图 2-13 所示。

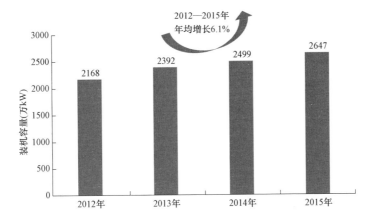

图 2-9　2012—2015 年黑龙江电网装机容量变化图

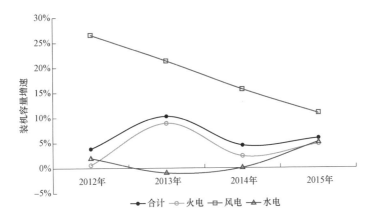

图 2-10　2012—2015 年黑龙江电网各类电源装机容量增速图

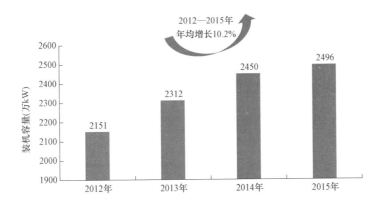

图 2-11　2012—2015 年蒙东电网装机容量变化图

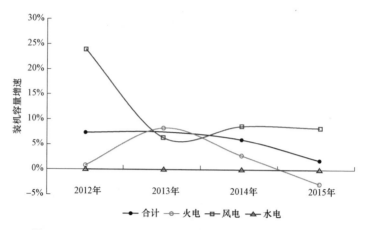

图 2-12　2012—2015 年蒙东电网各类电源装机容量增速图

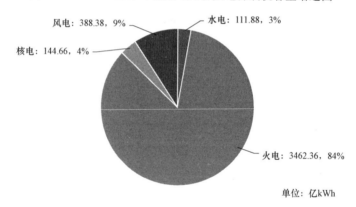

单位：亿kWh

图 2-13　东北电网分类型发电量占比

2012—2015 年，东北电网发电量年均增长 2.6%。其中，火电年均增长 0.9%，风电年均增长 13.9%，水电年均增长 1.2%，核电年均增长 27.2%。2012—2015 年东北电网发电量变化如图 2-14 所示，各类电源发电量增速如图 2-15 所示。

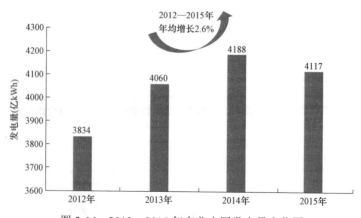

图 2-14　2012—2015 年东北电网发电量变化图

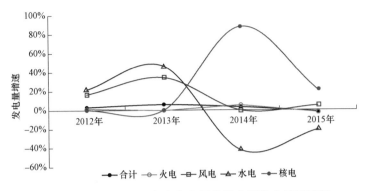

图 2-15　2012—2015 年东北电网各类电源发电量增速图

2012—2015 年，辽宁电网发电量年均增长 3.3%。其中，火电年均增长 0.3%，风电年均增长 14.5%，水电年均增长 1.9%。自 2013 年第一台核电机组投运以来，核电发电量年均增长 27.2%。2012—2015 年辽宁电网发电量变化如图 2-16 所示，各类电源发电量增速如图 2-17 所示。

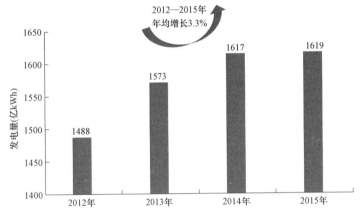

图 2-16　2012—2015 年辽宁电网发电量变化图

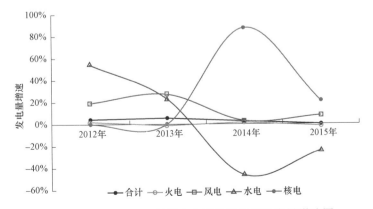

图 2-17　2012—2015 年辽宁电网各类电源发电量增速图

2012—2015 年，吉林电网发电量年均增长 0.12%。其中，火电年均增长 0.04%，风电年均增长 11.5%，水电年均降长 0.7%。2012—2015 年吉林电网发电量变化如图 2-18 所示，各类电源发电量增速如图 2-19 所示。

图 2-18　2012—2015 年吉林电网发电量变化图

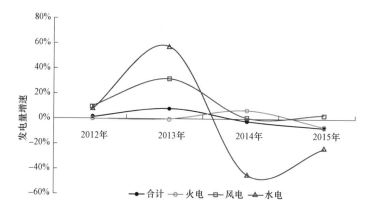

图 2-19　2012—2015 年吉林电网各类电源发电量增速图

2012—2015 年，黑龙江电网发电量年均增长 1.8%。其中，火电年均增长 1.0%，风电年均增长 13.9%，水电年均增长 10.1%。2012—2015 年黑龙江电网发电量变化如图 2-20 所示，各类电源发电量增速如图 2-21 所示。

2012—2015 年，蒙东电网发电量年均增长 4.4%。其中，火电年均增长 2.8%，水电年均增长 11.4%，风电年均增长 14.5%。2012—2015 年蒙东电网发电量变化如图 2-22 所示，各类电源发电量增速如图 2-23 所示。

二、用电量增长概况

1. 用电量

2015 年，东北电网年用电量 3931 亿 kWh，同比下降 1.8%。其中，辽宁、

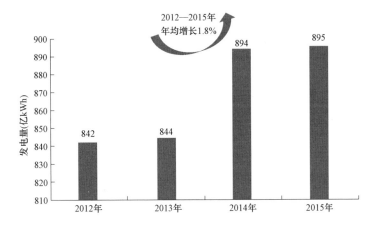

图 2-20　2012—2015 年黑龙江电网发电量变化图

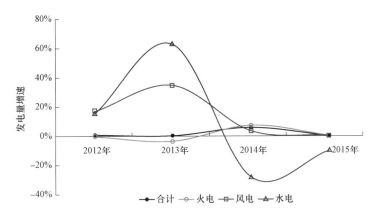

图 2-21　2012—2015 年黑龙江电网各类电源发电量增速图

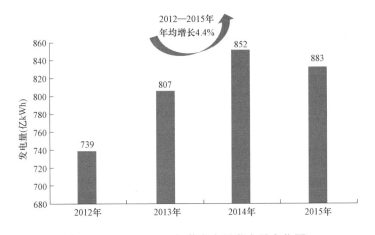

图 2-22　2012—2015 年蒙东电网发电量变化图

吉林、黑龙江、蒙东用电量分别为 1985 亿、652 亿、869 亿、402 亿 kWh，除黑龙江同比增长 1.1%外，辽宁、吉林、蒙东分别同比下降 2.7%、2.4%、4.4%；年最大用电负荷 5477 万 kW，同比下降 0.4%。东北电网用电量分布如图 2-24 所示。

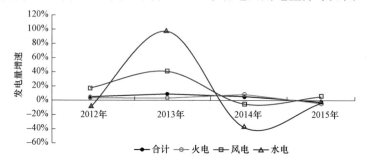

图 2-23　2012—2015 年蒙东电网各类电源发电量增速图

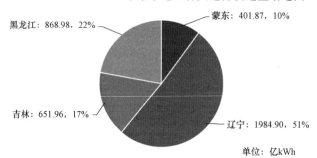

图 2-24　东北电网用电量分布

2. 逐年变化情况

2012—2015 年，东北地区用电量年均增长 2.0%，用电量增速持续放缓，在 2015 年首次出现用电量增速负增长，增速较 2012 年下降约 5 个百分点。2012—2015 年东北电网用电量变化曲线如图 2-25 所示，最大用电负荷变化曲线如图 2-26 所示。

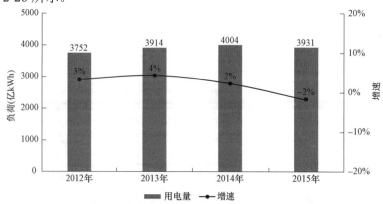

图 2-25　2012—2015 年东北电网用电量变化曲线

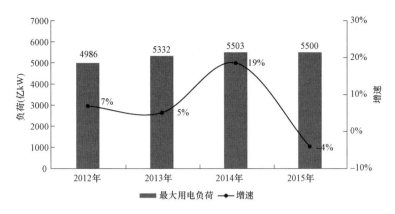

图 2-26 2012—2015 年东北电网最大用电负荷变化曲线

三、新能源消纳概况

1. 风电发展消纳情况

截至 2015 年年底，东北电网风电装机容量达 2467 万 kW。其中，辽宁、吉林、黑龙江、蒙东风电装机容量分别为 639 万、444 万、503 万、880 万 kW。风电发电量达 388 亿 kWh，较 2012 年增速下降 11%。东北电网及各省区风电装机容量和增速如图 2-27 所示，风电发电量及增速如图 2-28 所示。

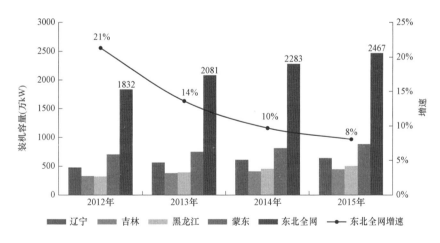

图 2-27 东北电网及各省区风电装机容量和增速

东北风电利用小时数由 2012 年的 1643h 增加到 2015 年的 1647h，累计增加 4h。其中，辽宁、吉林、蒙东风电利用小时数分别较 2012 年增加 19、10、123h，黑龙江较 2012 年下降 260h。东北电网 2012—2015 年风电利用小时数如图 2-29 所示，东北各省区 2012—2015 年风电利用小时数如图 2-30 所示。

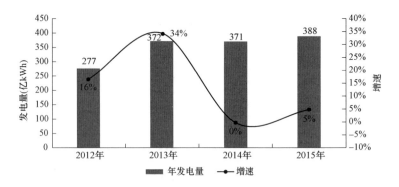

图 2-28　东北电网风电发电量及增速

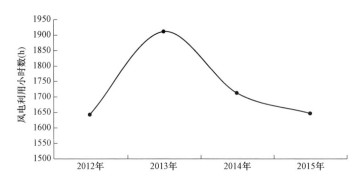

图 2-29　东北电网 2012—2015 年风电利用小时数

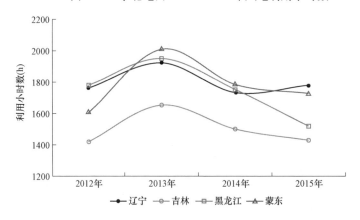

图 2-30　东北各省区 2012—2015 年风电利用小时数

2. 弃风情况

2015 年，东北地区弃风电量 81.28 亿 kWh，同比增加 47%；弃风比例 17%，同比增长 7 个百分点。其中，辽宁、吉林、黑龙江、蒙东弃风电量分别为 19.13 亿、27.25 亿、18.60 亿、16.30 亿 kWh，分别占比 24%、33%、23%、20%。2015 年东北地区弃风分布如图 2-31 所示。

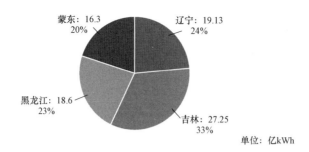

图 2-31　2015 年东北地区弃风分布

受多方面因素影响，2012—2015 年东北地区弃风问题持续严峻。自 2009 年起，东北地区开始出现弃风现象，截至 2015 年年底，弃风电量总体呈上升趋势，逐年弃风比例均高于 10%。2012—2015 年东北地区弃风情况如图 2-32 所示。

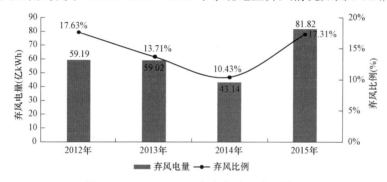

图 2-32　2012—2015 年东北地区弃风情况

2012—2015 年，电力调峰能力不足成为弃风限电的最主要原因。随着电网的逐步发展及热电装机比重的逐年上升，网架约束原因造成的弃风占比逐年下降，调峰能力不足成为东北电网弃风的主要原因。2012—2015 年东北地区调峰、网架弃风占比如图 2-33 所示。

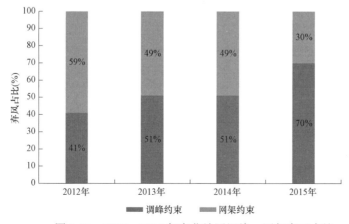

图 2-33　2012—2015 年东北地区调峰、网架弃风占比

第四节　东北地区新能源阶段发展存在的问题

（1）用电需求增长乏力，新能源消纳空间不足。自"十一五"以来，东北地区经济下行，用电需求增长缓慢，而电源装机容量仍旧保持快速增长，因此整体呈现供给过剩的情况。进入"十二五"，电源继续保持较快增长，供需矛盾更加突出。2010—2015 年，东北电源装机容量增长 36%，比同期负荷增长高出 19 个百分点，2015 年电源装机容量是最高负荷的 2.4 倍。东北电网发电设备利用率持续走低，2015 年发电设备利用小时数降至 3431h，低于全国平均水平 538h，其中火电 4068h，比 2010 年下降 652h，风电 1647h，下降 428h。

（2）风电发展与电网规划建设脱节。国家先后颁布"十二五"水电、风电、太阳能发电等专项规划，但缺乏统筹新能源与其他电源、统筹电源与电网发展的电力行业统一规划，吉林、黑龙江、蒙东等风电基地送出通道、跨区电网项目核准建设滞后。2015 年年底，东北风电装机容量已达到 2467 万 kW，核准在建容量 805 万 kW，已远超东北消纳能力。为解决东北风电消纳问题，国家电网公司提出"十二五"末建成投产扎鲁特外送特高压直流工程，2016 年年初获准开展前期工作，于 2018 年投产。

（3）供热机组装机占比高，影响电网调峰。东北地区部分热电联产机组建设容量与供热需求不匹配。热电联产机组装机规模快速发展，部分已投运的热电联产机组受到地理条件的限制，实际供热水平小于理论供热能力。纯凝机组大规模实施供热改造，且部分机组改造后设计供热能力低于理论供热能力，导致机组实际改造台数大于理论所需改造台数，过多的改造机组容量进一步加大了供热机组容量比例，影响电网调峰。

（4）调峰辅助服务市场刚刚起步，还不能充分通过市场激励发挥资源优化配置作用。市场规则及补偿力度不足以促使热电企业承担投资风险，真正动起来，从技术上做出改变，实现供热与调峰解耦。当时的市场主体对市场规则需要学习过程，市场环境需要逐步培育。市场培育需要示范作用，没有第三方主体加入，国企意识保守，不愿意改变现状承担风险。

（5）电网调峰能力不足成为风电弃电的主要原因。在本阶段中，受益于政策的不断调整，电源装机与电网建设矛盾得到了明显缓解，网架限电明显改善，电网调峰能力不足成为风电弃电的主要原因。东北地区受用电结构的影响，峰谷差不断增加，造成调峰需求越来越高。此外，东北电网热电机组核定容量不断增长，在冬季出现"以热定电"现象，导致东北电网调峰能力不足，系统调峰任务异常艰巨。

第五节　东北地区新能源发展重大事件

2012 年，东北电网研发并投入智能稳控系统，提高风电基地的外送能力。

2012 年，东北电网建设风电 AGC 系统，实现风电有功自动控制。

2012 年，东北电网新增 8 个友好型风电场，实行风电发电优先排序，提高风电调度"三公"水平。

2014 年 10 月 1 日，东北电网正式启动东北电网调峰辅助服务市场，风、火、核发电企业作为参与市场调峰的主体，以市场化手段挖掘了系统调峰潜力。2014 年 10—12 月，全网多接纳风电电量约 21 亿 kWh。

2014 年，东北电网首次开展东北低谷弃风电量与北京电采暖试点项目跨区直接交易。

2015 年，东北电网首次实现东北区域内风电跨省消纳，实现蒙东风电送辽宁。

第三章　多措并举推动弃电问题基本解决
（2016—2020 年）

在该阶段，我国新能源持续保持高速发展态势，部分新能源富集地区仍旧存在新能源弃电的现象，这严重制约了我国新能源健康稳定发展。针对该问题，国家及各地方政府集中力量，多措并举，出台了大量政策和措施，使得新能源弃电问题基本得到解决，有力促进了我国新能源的发展。在这期间，我国新能源发展主要体现在以下两个方面：

（1）在政策方面，国家和地方进一步针对新能源弃电问题，从科学合理引导新能源发展和鼓励新能源参与市场入手，提高新能源利用率。一方面，积极出台文件，鼓励集中式和分布式并举，同时建立监管机制，科学引导新能源发展。另一方面，积极推动风电、光伏平价上网，鼓励新能源参与市场，提高新能源利用率。

（2）新能源产业方面，在科学的监督和引导下，新能源产业持续快速发展，生产技术水平处于全球领先地位。在风电方面，我国风力发电机组技术实现持续创新突破，海上风机单机容量达到 10MW 级别，首台风轮直径超 200m 的海上风电机组问世。在太阳能方面，产业规模持续快速发展，多晶硅产量连续 10 年居全球首位；晶硅电池转化率创造当时晶硅太阳能的最高世界纪录。

第一节　新能源相关政策

在本阶段，国家和地方进一步针对新能源弃电问题，科学合理引导新能源发展的同时鼓励新能源参与市场，扩大新能源消纳空间。在国家层面：主要是在发展规划、年度开发建设、运行消纳、电价补贴、市场交易等五个方面，推进集中与分布式协调发展，多措并举，促进新能源并网和消纳。在发展规划方面，优化开发布局，引导集中式与分布式协同发展；在年度开发建设方面，实施预警机制和规模管控，引导新能源合理开发；在运行消纳方面，建立新能源消纳长效机制，多措并举促进新能源消纳。在电价补贴方面，多次下调新能源上网电价，推动新能源平价上网；在市场交易方面，鼓励新能源参与市场，拓宽新能源消纳利用途径。在地方层面：加快系统设施建设，推进煤电机组完成灵活性改造；同时，进一步推动东北地区电力辅助服务市场发展，保障新能源稳定消纳。

一、国家推动新能源发展主要政策

（一）发展规划：优化开发布局，引导集中式与分布式协同发展

2016—2020 年我国颁布的新能源发展规划相关政策法规见表 3-1。

表 3-1　　2016—2020 年我国颁布的新能源发展规划相关政策法规

颁布年份	名　　　　称	主　要　内　容
2016	《国民经济和社会发展第十三个五年规划纲要》	实施创新驱动发展战略，优化现代产业体系，支持战略性新兴产业发展
2016	《可再生能源发展"十三五"规划》	到 2020 年，全部可再生能源发电装机 6.8 亿 kW，发电量 1.9 万亿 kWh，占全部发电量的 27%
2016	《太阳能发展"十三五"规划》	按照"技术进步、成本降低、扩大市场、完善体系"的原则，到 2020 年年底，太阳能发电装机容量达到 1.1 亿 kW 以上，太阳能年利用量达到 1.4 亿 t 标准煤以上
2016	《风电发展"十三五"规划》	按照"统筹规划、集散并举、陆海齐进、有效利用"的原则，到 2020 年年底，全国风电并网装机容量确保达到 2.1 亿 kW 以上
2016	《"十三五"战略性新兴产业发展规划》	到 2020 年，形成新一代信息技术、高端制造、生物、绿色低碳、数字创意等 5 个产值规模 10 万亿元级的新支柱
2016	《能源生产和消费革命战略（2016—2030）》	西部北部地区，建设化石能源和可再生能源大型综合能源基地；西南地区，建设大型水电基地；东中部地区，推进分布式光伏和分散式风电建设，沿海发展核电和海上风电

2016 年 3 月，国务院发布《国民经济和社会发展第十三个五年规划纲要》，明确提出实施创新驱动发展战略，优化现代产业体系，支持战略性新兴产业发展。在"十三五"规划纲要指导下，国家发展改革委、国家能源局等能源主管部门陆续编制发布了《"十三五"战略性新兴产业发展规划》《能源发展"十三五"规划》《可再生能源发展"十三五"规划》《太阳能发展"十三五"规划》《风电发展"十三五"规划》等一系列规划方案，基本形成了包含总体规划、领域规划和专项规划在内，层次分明的三级规划体系，对新能源产业创新发展作出相关部署和指导。

风电：按照"统筹规划、集散并举、陆海齐进、有效利用"的原则，严格开发建设与市场消纳相统筹，着力推进风电的就地开发和高效利用，积极支持中东部分散风能资源的开发，在消纳市场、送出条件有保障的前提下，有序推进大型风电基地建设，积极稳妥开展海上风电开发建设，完善产业服务体系。到 2020 年年底，全国风电并网装机容量确保达到 2.1 亿 kW 以上。

太阳能发电：提出按照"技术进步、成本降低、扩大市场、完善体系"的原则，促进光伏发电规模化应用及成本降低，在资源条件好、具备接入电网条件、消纳能力强的中西部地区，在有效解决已有弃光问题的前提下，有序推进光伏电站建设。优先支持分布式光伏发电发展，重点支持分布式光伏发电分散接入低压配电网并就近消纳。到 2020 年年底，太阳能发电装机容量达到 1.1 亿 kW 以上，太阳能年利用量达到 1.4 亿 t 标准煤以上。

2016 年年底，国家发展改革委、国家能源局下发《能源生产和消费革命战略（2016—2030）》，提出合理布局能源生产供应。西部北部地区，建设化石能源和可再生能源大型综合能源基地，保障全国能源平衡。西南地区，建设大型水电基地，实现跨区域水火互济、风光互补，提高发电效率。东中部地区，推进分布式光伏和分散式风电建设，沿海发展核电和海上风电。

（二）年度开发建设：实施预警机制和规模管控，引导新能源合理开发

2016—2020 年我国颁布的新能源年度开发建设相关政策法规见表 3-2。

表 3-2　　2016—2020 年我国颁布的新能源年度开发建设相关政策法规

颁布年份	名　称	主　要　内　容
2016	《关于建立监测预警机制促进风电产业持续健康发展的通知》	预警程度由高到低分为红色、橙色、绿色三个等级。红色预警地区，暂停新建新能源电站项目
2017	《关于建立市场环境监测评价机制引导光伏产业健康有序发展的通知》	评价结果分为绿色、橙色和红色三个等级，绿色表示市场环境较好，橙色表示市场环境一般，红色表示市场环境较差
2018	《关于 2018 年度风电建设管理有关要求的通知》	风电年度新增规模要严格落实规划和预警要求，新增项目通过竞争性方式配置
2018	《关于 2018 年光伏发电有关事项的通知》	确定年度光伏发电新增建设规模，新增项目通过竞争性方式配置
2019	《关于 2019 年风电、光伏发电项目建设有关事项的通知》	在论证并落实消纳能力的前提下，通过竞争性配置组织新建风光发电项目建设
2020	《关于 2020 年风电、光伏发电项目建设有关事项的通知》	严格落实监测预警要求，以电网消纳能力为依据合理安排新增核准（备案）项目规模
2019	《关于积极推进风电、光伏发电无补贴平价上网有关工作的通知》	推进风、光无补贴平价上网项目建设，有关项目不受年度建设规模限制
2020	《关于公布 2020 年风电、光伏发电平价上网项目的通知》	公布了 2020 年风电、光伏发电平价上网项目，风电平价上网项目装机容量 1139.67 万 kW、光伏发电平价上网项目装机容量 3305.06 万 kW

1. 建立风电监测预警机制和光伏电站开发市场环境监测评价体系

2016、2017 年，国家能源局分别下发《关于建立监测预警机制促进风电产业持续健康发展的通知》《关于建立市场环境监测评价机制引导光伏产业健康有

序发展的通知》，提出建立风、光监测预警机制，根据各地区的资源条件、运行消纳情况、市场交易条件等因素，建立分地区风光投资预警等级。预警程度由高到低分为红色、橙色、绿色三个等级。对于系统内电源调节能力较差、新能源弃电率高、风光利用小时数低的红色预警地区，暂停新建新能源电站项目。连续四年发布风电监测预警结果和光伏电站投资监测评价结果，引导各地区有序进行风电和光伏开发投资。风电监测预警机制和光伏电站开发市场环境监测评价体系的建立，有效平衡了各地区新能源建设时序，促进了开发布局优化和消纳问题缓解。

2. 实施规模管控推行竞争性配置

2018 年 5 月，国家能源局印发《关于 2018 年度风电建设管理有关要求的通知》，提出风电年度新增规模要严格落实规划和预警要求，新增项目通过竞争性方式配置。2018 年 5 月，国家发展改革委、财政部、国家能源局下发《关于 2018 年光伏发电有关事项的通知》，确定年度光伏发电新增建设规模，新增项目通过竞争性方式配置。2019 年 5 月和 2020 年 3 月，国家能源局分别发布《关于 2019 年风电、光伏发电项目建设有关事项的通知》《关于 2020 年风电、光伏发电项目建设有关事项的通知》，均要求在论证并落实消纳能力的前提下，通过竞争性配置组织新建风光发电项目建设，风电新增规模依照"十三五"规划目标约束，光伏新增规模"以补贴定规模"的方式按照年度补贴额度确定。

3. 推进新能源发电平价上网项目

2019 年 1 月，国家发展改革委、国家能源局下发《关于积极推进风电、光伏发电无补贴平价上网有关工作的通知》，推进风、光无补贴平价上网项目建设，有关项目不受年度建设规模限制。2020 年 8 月，国家发展改革委发布《关于公布 2020 年风电、光伏发电平价上网项目的通知》，公布了 2020 年风电、光伏发电平价上网项目，利于加快风电、光伏发电平价上网进程，提升风电、光伏发电的产业竞争力，推进清洁低碳及安全高效的能源体系建设与能源销售结构调整。

（三）运行消纳：建立新能源消纳长效机制，多措并举促进新能源消纳

2016—2020 年我国颁布的新能源运行消纳相关政策法规见表 3-3。

表 3-3　　　2016—2020 年我国颁布的新能源运行消纳相关政策法规

颁布年份	名　称	主　要　内　容
2016	《可再生能源发电全额保障性收购管理办法》	提出建立可再生能源发电全额保障性收购制度，可再生能源发电项目年发电量分为保障性收购电量和市场交易电量两部分

续表

颁布年份	名　称	主要内容
2016	《关于做好风电、光伏发电全额保障性收购管理工作的通知》	核定了最低保障收购年利用小时数。保障性收购电量应由电网企业按标杆上网电价和最低保障收购年利用小时数全额结算，超出部分应通过市场交易方式消纳
2016	《关于下达火电灵活性改造试点项目的通知》	确定丹东电厂等16个项目为提升火电灵活性改造试点项目
2017	《关于促进储能技术与产业发展的指导意见》	提出促进储能技术和产业发展支撑，实现储能由研发示范向商业化初期过渡、由商业化初期向规模化发展转变
2017	《完善电力辅助服务补偿（市场）机制工作方案》	提出进一步完善和深化电力辅助服务补偿（市场）机制，在2017—2020年分三个阶段全面推进电力辅助服务补偿（市场）工作
2018	《关于提升电力系统调节能力的指导意见》	加快推进西南和"三北"地区可再生能源电力跨省跨区配置的输电通道规划和建设。"十三五"期间，跨省跨区通道新增19条，新增输电能力1.3亿kW，消纳新能源和可再生能源约7000万kW
2018	《清洁能源消纳行动计划（2018—2020年）》	明确提出消纳目标，2018年弃风率低于12%，弃光率低于5%；2019年，弃风率低于10%，弃光率低于5%；2020年基本解决清洁能源消纳问题，弃风率力争控制在5%左右，弃光率低于5%
2019	《关于建立健全可再生能源电力消纳保障机制的通知》	通过设定总量消纳责任权重和非水电消纳责任权重，充分挖掘本地可再生能源消纳潜力，促进可再生能源本地消纳；打破省间壁垒，促进可再生能源跨省区消纳

1. 建立可再生能源电力消纳保障机制

2016年3月，国家发展改革委印发《可再生能源发电全额保障性收购管理办法》，提出建立可再生能源发电全额保障性收购制度，可再生能源发电项目年发电量分为保障性收购电量和市场交易电量两部分。保障性收购电量部分通过优先安排年度发电计划、与电网公司签订优先发电合同（实物合同或差价合同）保障全额按标杆上网电价收购；市场交易电量部分由可再生能源发电企业通过参与市场竞争方式获得发电合同，电网企业按照优先调度原则执行发电合同。2016年5月，国家发展改革委、国家能源局印发《关于做好风电、光伏发电全额保障性收购管理工作的通知》，综合考虑电力系统消纳能力，按照各类标杆电价覆盖区域，参考准许成本加合理收益，核定了部分存在弃风、弃光问题地区规划内的风电、光伏发电最低保障收购年利用小时数。保障性收购电量应由电网企业按标杆上网电价和最低保障收购年利用小时数全额结算，超出最低保障收购年利用小时数的部分应通过市场交易方式消纳，由风电、光伏发电企业与售电企业或电力用户通过市场化的方式进行交易，并按新能源标杆上网电价与当地煤电标杆上网电价（含脱硫、脱硝、除尘）的差额享受可再生能源补贴。2019 年 5 月 10 日，国家发展改革委、国家能源局下发《关于建立健全可再生能源电力消纳保障机制的通知》，对电力消费设定可再生能源电力消纳责任权重，由售电企业和电力用户共同承担。通过设定总量消纳责任权重和非水电消纳责任权重，充分挖掘本地可再生能源消纳潜力，促进可再生能源本地消纳；打破省间壁垒，促进可再生能源跨省区消纳。

2. 开展清洁能源消纳行动为全面提升清洁能源消纳能力确定明确目标

2018 年 10 月，国家发展改革委、国家能源局联合发布关于印发《清洁能源消纳行动计划（2018—2020 年）》，一是明确提出消纳目标，2018 年清洁能源消纳取得显著成效，弃风率低于 12%（力争控制在 10% 以内），弃光率低于 5%；2019 年，弃风率低于 10%（力争控制在 8% 左右），弃光率低于 5%；2020 年基本解决清洁能源消纳问题，弃风率力争控制在 5% 左右，弃光率低于 5%。二是结合能源、电力及可再生能源"十三五"规划中期评估，科学调整"十三五"清洁能源发展目标，优化各类发电装机布局规模。三是进一步明确弃电量、弃电率的概念和界定标准，对风电、光伏发电弃电率不超过 5% 的区域，其限发电量不再计入全国限电量统计。

3. 提升系统灵活性充分挖掘新能源消纳潜力

2016 年 6 月，国家能源局印发《关于下达火电灵活性改造试点项目的通知》，确定丹东电厂等 16 个项目为提升火电灵活性改造试点项目。2017 年 9 月，国家发展改革委印发《关于促进储能技术与产业发展的指导意见》，提出促进储能技术和产业发展支撑，实现储能由研发示范向商业化初期过渡、由商业化初期向规模化发展转变。2017 年 11 月，国家能源局印发《完善电力辅助服务补偿（市场）机制工作方案》，提出进一步完善和深化电力辅助服务补偿（市场）机制，在 2017—2020 年分三个阶段全面推进电力辅助服务补偿（市场）工作。2018 年 2 月，国家发展改革委、国家能源局印发《关于提升电力系统调节能力的指导意见》。加快推进西南和"三北"地区可再生能源电力跨省跨区配置的输电通道规划和建设，优先建设以输送可再生能源为主且受端地区具有消纳市场空间的输电通道。"十三五"期间，跨省跨区通道新增 19 条，新增输电能力 1.3 亿 kW，消纳新能源和可再生能源约 7000 万 kW。

（四）电价补贴：多次下调新能源上网电价，推动新能源平价上网

2016—2020 年我国颁布的新能源电价补贴相关政策法规见表 3-4。

表 3-4 　　　2016—2020 年我国颁布的新能源电价补贴相关政策法规

颁布年份	名　　　称	主　要　内　容
2016	《关于调整光伏发电陆上风电标杆上网电价的通知》	规定 2018 年 1 月 1 日以后核准并纳入财政补贴年度规模管理的 I～IV 类资源区陆上风电项目上网电价分别为 0.40、0.45、0.49、0.57 元/kWh；2017 年 1 月 1 日之后新建 I～III 类资源区光伏发电上网电价分别调整为 0.65、0.75、0.85 元/kWh
2017	《国家发展改革委关于 2018 年光伏发电项目价格政策的通知》	降低 2018 年 1 月 1 日之后投运的光伏电站标杆上网电价，I～III 类资源区光伏发电上网电价分别调整为 0.55、0.65、0.75 元/kWh
2018	《国家发展改革委　财政部　国家能源局关于 2018 年光伏发电有关事项的通知》	自 2018 年 5 月 31 日起，新投运的光伏电站标杆上网电价每千瓦时统一降低 0.05 元，I～III 类资源区光伏上网电价分别调整为 0.50、0.60、0.70 元/kWh
2019	《关于完善光伏发电上网电价机制有关问题的通知》	将集中式光伏固定上网电价改为指导价，自 2019 年 7 月 1 日起，I～III 类资源区新增集中式光伏电站指导价分别为 0.4、0.45、0.55 元/kWh
2019	《关于完善风电上网电价政策的通知》	将风电固定上网电价改为指导价，2019 年 I～IV 类资源区新核准陆上风电指导价分别调整为 0.34、0.39、0.43、0.52 元/kWh，2020 年指导价分别调整为 0.29、0.34、0.38、0.47 元/kWh；2019 年海上风电电价为 0.8 元/kWh，2020 年调整为 0.75 元/kWh，自 2021 年 1 月 1 日开始，新核准的陆上风电项目全面实现平价上网，国家不再补贴
2019	《关于可再生能源电价附加补助资金预算的通知》	对于按照上网电价给予补贴的可再生能源发电项目，补贴标准=（电网企业收购价格−燃煤标杆上网电价）/（1+适用增值税率）；对于按照定额补贴的可再生能源发电项目，补贴标准=定额补贴标准/（1+适用增值税率）

1. 多次下调风电和光伏发电上网电价，加快电价退坡

2016 年 12 月，国家发展改革委发布了《关于调整光伏发电陆上风电标杆上网电价的通知》，规定 2018 年 1 月 1 日以后核准并纳入财政补贴年度规模管理的 I～IV 类资源区陆上风电项目上网电价分别为 0.40、0.45、0.49、0.57 元/kWh；2017 年 1 月 1 日之后新建 I～III 类资源区光伏发电上网电价分别调整为 0.65、0.75、0.85 元/kWh。2017 年 12 月，国家发展改革委发布《国家发展改革委关于 2018 年光伏发电项目价格政策的通知》，降低 2018 年 1 月 1 日之后投运的光伏电站标杆上网电价，I～III 类资源区光伏发电上网电价分别调整为 0.55、0.65、0.75 元/kWh。2018 年 5 月，国家发展改革委发布《国家发展改革委　财政部　国家能源局关于 2018 年光伏发电有关事项的通知》，提出自 2018 年 5 月 31 日起，新投运的光伏电站标杆上网电价统一降低 0.05 元/kWh，I～III 类资源区光伏发电上网电价分别调整为 0.50、0.60、0.70 元/kWh。2019 年 4 月，国家发展改革委下发《关于完善光伏发电上网电价机制有关问题的通知》，

将集中式光伏固定上网电价改为指导价，同时下调集中式光伏指导价、分布式光伏发电补贴标准，自2019年7月1日起，纳入国家财政补贴范围的Ⅰ～Ⅲ类资源区新增集中式光伏电站指导价分别为0.4、0.45、0.55元/kWh。2019年5月，国家发展改革委下发《关于完善风电上网电价政策的通知》，将风电固定上网电价改为指导价，同时下调陆上风电、海上风电指导价，2019年Ⅰ～Ⅳ类资源区新核准陆上风电指导价分别调整为0.34、0.39、0.43、0.52元/kWh，2020年指导价分别调整为0.29、0.34、0.38、0.47元/kWh；2019年海上风电0.8元/kWh，2020年调整为0.75元/kWh，自2021年1月1日开始，新核准的陆上风电项目全面实现平价上网，国家不再补贴。

2. 市场交易降价空间优先用于降低补贴标准

2019年5月，财政部印发《关于可再生能源电价附加补助资金预算的通知》提出对于可再生能源发电企业补贴资金按照以下方式结算：对于按照上网电价（含通过招标等竞争方式确定的上网电价）给予补贴的可再生能源发电项目，补贴标准=（电网企业收购价格−燃煤标杆上网电价）/（1+适用增值税率）；对于按照定额补贴的可再生能源发电项目，补贴标准=定额补贴标准/（1+适用增值税率）。

3. 补贴项目审核主体和补助标准发生变化

2016—2020年，国家陆续下发第6、第7批可再生能源电价附加资金补助目录。2016年8月，财政部印发《关于公布可再生能源电价附加资金补助目录（第六批）的通知》；2018年6月，财政部、国家发展改革委、国家能源局印发《关于公布可再生能源电价附加资金补助目录（第七批）的通知》。在此之后，国家不再发放补助目录，改为由电网企业发布补贴项目清单，确认需要享受补贴的项目。可再生能源项目通过国家可再生能源信息管理平台填报电价附加申请信息，电网企业确定并定期向全社会公开符合补助条件的可再生能源发电项目清单，并将清单审核情况报财政部、国家发展改革委。

（五）市场交易：鼓励新能源参与市场，拓宽新能源消纳利用途径。

2016—2020年我国颁布的新能源市场交易相关政策法规见表3-5。

表3-5　　　2016—2020年我国颁布的新能源市场交易相关政策法规

颁布年份	名　称	主　要　内　容
2016	《关于同意甘肃省、内蒙古自治区、吉林省开展可再生能源就近消纳试点方案的复函》	同意甘肃省、内蒙古自治区、吉林省开展可再生能源就近消纳试点，通过市场化交易等方式，提高本地可再生能源消纳能力
2017	《跨区域省间富余可再生能源电力现货交易试点规则（试行）》	启动风电、光伏发电、水电跨区域省间现货交易试点

续表

颁布年份	名　称	主　要　内　容
2017	《关于开展分布式发电市场化交易试点的通知》	提出组织开展分布式发电市场化交易试点，提高新能源就近利用水平

2016 年 4 月，国家发展改革委印发《关于同意甘肃省、内蒙古自治区、吉林省开展可再生能源就近消纳试点方案的复函》，同意甘肃省、内蒙古自治区、吉林省开展可再生能源就近消纳试点，通过市场化交易等方式，提高本地可再生能源消纳能力。2017 年 8 月，国调中心、北京电力交易中心印发《跨区域省间富余可再生能源电力现货交易试点规则（试行）》，启动风电、光伏发电、水电跨区域省间现货交易试点。2017 年 10 月，国家发展改革委、国家能源局印发《关于开展分布式发电市场化交易试点的通知》，提出组织开展分布式发电市场化交易试点，提高新能源就近利用水平。

二、东北地区能源主管部门发布的主要政策

明确东北地区"十三五"风电、光伏开发目标。2017 年 5 月，吉林省发展改革委印发《吉林省能源发展"十三五"规划》，到 2020 年吉林省风电装机容量为 875 万 kW，光伏装机容量为 393.3 万 kW。2017 年 8 月，国家发展改革委印发《关于可再生能源发展"十三五"规划实施的指导意见》，辽宁省光伏电站的规划并网目标为 250 万 kW，风电为 800 万 kW。2017 年 12 月，黑龙江省发展改革委印发《黑龙江省能源发展"十三五"规划》，到 2020 年黑龙江省风电装机容量为 900 万 kW，太阳能装机容量为 600 万 kW。

推动东北电力辅助服务市场发展，保障新能源稳定消纳。2016 年 11 月，东北能源监管局印发《东北电力辅助服务市场运营规则（试行）》，相比 2014 年东北能源监管局印发的《东北电力辅助服务调峰市场监管办法（试行）》进行了较大调整，但规则的根本思路没有发生变化。一是根据机组类型和不同时期细化有偿调峰基准。将 2014 年规则中统一的有偿调峰基准（负荷率 52%）修改为对各类发电机组（热电厂与纯凝火电厂）在不同时期（供热期与非供热期）分别设置有偿调峰基准。二是进一步加大调峰补偿力度。将 2014 年规则的分三档报价调整为分两档报价并提高报价上限，分别为 0.4 元/kWh 和 1 元/kWh。三是丰富交易品种。将可中断负荷调峰、电储能调峰等纳入调峰辅助服务范畴。2017 年 10 月，东北能源监管局印发《东北电力辅助服务市场运营规则补充规定》，一是将非供热期实时深度调峰费用减半处理，同时将供热期风电、核电电量按照两倍参与费用分摊，以准确体现出东北地区供热期调峰资源稀缺程度，也使新能源受益与分摊费用更加匹配；二是将出力达不到铭牌容量 80% 的火电

机组所获调峰补偿费用减半；三是对省内与跨省调峰承担费用之和设置了上限，以切实起到对市场成员的保护作用。2018 年 12 月，东北能源监管局印发《东北电力辅助服务市场运营规则（试行）》，考虑到东北地区光伏发展迅猛，对电力系统调峰已经产生明显影响，因此正式将光伏纳入电力辅助服务市场范畴。

第二节　新能源行业发展概况

该阶段我国新能源行业持续保持快速发展，仍然处于全球领先地位。在风电方面，我国风力发电机组技术创新主要集中在风电机组单机容量、风电机组风轮直径及风电机组轮毂高度等方面。其中，我国海上风机单机容量达到 10MW 级别，首台风轮直径超 200m 的海上风电机组问世，国内最高风电机组并网发电，轮毂高度高达 152m；同时，风电度电成本持续降低，2020 年，我国陆上风电度电成本为 0.214～0.342 元/kWh，海上风电度电成本为 0.433～0.669 元/kWh。在太阳能方面，产业规模持续扩大，多晶硅产量 39.2 万 t，连续 10 年居全球首位；晶科能源和阿特斯先后将晶硅电池转化率分别调高到了 23.3% 和 23.81%，创造当时晶硅太阳能的最高世界纪录；同时，我国光伏的平准化度电成本仍保持平稳下降趋势。2020 年我国光伏地面电站度电成本为 0.170～0.303 元/kWh。

一、风电行业发展概况

（一）技术水平

2016—2020 年，我国风力发电机组技术创新主要集中在风电机组单机容量、风电机组风轮直径及风电机组轮毂高度等方面。在风电机组单机容量方面，2018 年我国陆上风机单机容量达到 4MW 级别，东方电气风电有限公司自主研发的首台 4.0MW（DEW-D4000-148）陆上直驱风力发电机组在天津制造基地顺利完工下线。2019 年我国海上风机单机容量达到 10MW 级别，在福建三峡海上风电国际产业园区，东方电气研发的 10MW 海上风电机组成功下线。这是我国自主研发的、单机容量亚太地区最大、全球第二大的海上风电机组，是我国海上风电发展的重要里程碑，标志着我国已掌握海上风电大容量机组研发制造的关键核心技术，迈入海上风电开发世界先进行列。在风电机组风轮直径方面，2018 年上海临港海上风电一期示范项目首台风电机组成功完成吊装，机组为上海电气 6.25-172 海上风机，叶轮直径达 172m，创造了全球最大叶轮直径海上风机新纪录。2019 年我国首台风轮直径超 200m 的海上风电机组问世。中国船舶海装风电成功研发设计 H210-10MW 海上风电机组，叶轮直径达

210m。在风电机组轮毂高度方面，2019 年国内最高风电机组并网发电，轮毂高度高达 152m，此前轮毂高度一般在 140m 以下。相比于行业内常见的 90～120m 的轮毂高度，152m 轮毂高度在低风速的条件下，可提高年发电量约 16%，提升经济收益超 2000 万元。

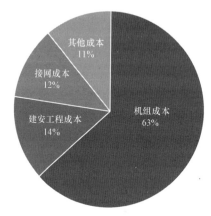

图 3-1 2020 年我国陆上风电初始投资成本结构

（二）发电经济性

1. 初始投资成本

2020 年，我国陆上风电初始投资成本为 6500～7800 元/kW，总体延续下降态势。2020 年我国陆上风电初始投资成本结构如图 3-1 所示。其中，机组成本占比最大，为 63%；建安工程成本占比 14%；接网成本占比 12%；其他成本占比 11%。

受到 2020 年抢装影响，陆上风电机组价格迅速攀升，呈现一机难求局面，巅峰时期风机价格曾达到 4500 元/kW。自 2020 年 2 月以后，陆上风电机组进入平价阶段，截至 2020 年年底，风电机组价格达到 3260 元/kW，较 2 月高点下降 22.6%。

2020 年，我国海上风电初始投资成本约为 15700 元/kW，受益于产业优化及成本优势，叠加在勘探技术、设备研发制造和工程建设运营中积累的经验，十年间海上风电初始投资成本降幅达到 33%，海上风电场的初始投资成本主要包括设备购置成本、建安工程成本、其他成本、利息。2020 年我国海上风电初始投资成本结构如图 3-2 所示，其中，设备购置成本占比为 50%，建安工程成本占比为 35%，其他成本占比为 10%，利息占比为 5%。

2020 年，受海上风电国家财政补贴退出、抢装潮以及疫情的影响，海上风

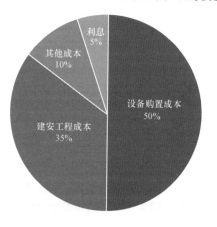

图 3-2 2020 年我国海上风电初始投资成本结构

电机组价格一路攀升。根据海上风电公开招标项目机组价格统计，海上风电机组价格从 2019 年的 5933 元/kW 上涨至 2020 年的 7095 元/kW。

2．度电成本

2020 年，我国陆上风电 LCOE 为 0.0325～0.0519 美元/kWh，平均为 0.0419 美元/kWh，折合人民币 0.214～0.342 元/kWh，平均为 0.277 元/kWh。

2020 年，我国海上风电 LCOE 为 0.0656～0.101 美元/kWh，平均为 0.080 美元/kWh，折合人民币 0.433～0.669 元/kWh，平均为 0.525 元/kWh。

二、太阳能发电行业发展概况

（一）技术水平

1．行业情况

该阶段虽然受到疫情和政策调整的影响，我国光伏产业仍然保持快速发展，继续领军全球光伏行业。2017 年，我国多晶硅产量 24.2 万 t，同比增长 24.7%；硅片产量 87GW，同比增长 34.3%；电池片产量 68GW，同比增长 33.3%；组件产量 76GW，同比增长 31.7%。产业链各环节生产规模全球占比均超过 50%，继续保持全球首位。我国是光伏产业大国，拥有全球最完整的产业链。2019 年，尽管在疫情和政策调整的双重影响下，我国光伏应用市场有所下滑，但受益于海外市场的增长，我国光伏各环节产业规模依旧保持了快速增长势头。2019 年，我国光伏组件产量达到了 98.6GW，占全球产量比重不断上升。作为全球最大光伏产品制造国及出口国，我国光伏装机容量、发电量已连续多年位列全球首位。2020 年，受新冠病毒感染疫情的影响，全球经济倒退，然而我国光伏行业逆流而上，取得了令人瞩目的成就，保持并延续了多项世界第一。应用市场实现恢复性增长，2020 年我国光伏新增装机容量 48.2GW，连续 8 年居全球首位；累计装机量达到 253GW，连续 6 年居全球首位；产业规模持续扩大，制造端四个主要环节实现两位数增长，多晶硅产量 39.2 万 t，连续 10 年居全球首位；光伏组件产量 124.6GW，连续 14 年居全球首位；出口市场稳中有升，光伏产品出口额 197.5 亿美元，同比下降 5%，但组件出口量则达到 78.8GW，创历史新高，同比增长 18.3%。

在该阶段，我国光伏行业发展仍旧面临较大的挑战。在融资环境方面，虽然有了较大的改善，2020 年融资规模为 714.14 亿元，同比增加 96.9%；但是在硅料等产业链关键环节上仍然缺乏募资，这对后续的产业链供应产生了一定的影响。此外，产品种类单一、企业间低价恶性竞争等问题也依然存在。

2．组件发展

2016—2017 年，晶体硅电池生产技术出现了"百花齐放"的态势，除了 PERC 电池之外，铝背场（Aluminum back sur-face field，Al-BSF）、发射极钝化和全背面扩散（Passivated emitter，rear totally-diffused，PERT）等技术也获得

了相应的发展。此外，薄膜电池和其他新型电池技术也取得了一定的突破。在晶体硅电池生产技术方面，各种晶体硅电池生产技术呈现多样化发展态势。规模化生产的普通结构铝背场单晶和多晶硅电池的平均转换效率分别达到 19.8% 和 18.5%，使用 PERC 电池技术的单晶和多晶硅电池平均转换效率进一步提升至 20.5% 和 19%。此外，N 型晶硅电池技术开始进入小规模量产，技术进展较快，包括使用 PERT 技术的 N 型晶硅电池、异质结（heterojunction with intrinsic thin layer，HIT）电池和背接触（In-terdigitaed back contact，IBC）等电池。在薄膜电池技术方面，市场上主要以碲化镉（CdTe）薄膜电池和铜铟镓硒（CIGS）薄膜电池为主，电池实验室最高转换效率分别达到 22.1% 和 22.6%，产业化技术逐步成熟。砷化镓电池虽然转换效率高（实验室条件转化率达到 46%），但是由于成本较高，目前还未实现大规模量产。在新型太阳能电池发电技术方面，一方面是钙钛矿太阳能电池的转换效率达到 22%，另一方面是我国在有机太阳能电池领域取得了重要突破，华南理工大学彭小彬和南开大学万相见、陈永胜等科学家利用两种小分子给体材料，制备全小分子的叠层太阳能电池器件，光电转换效率达到 12.7%。这是有机太阳能电池领域的最高光电转换效率。

2018—2019 年，PERC 技术取得了突破性进展，大大提高了晶硅电池的转换效率。此外，薄膜电池技术转换效率也有所提升。在晶体硅电池生产技术方面，PERC 技术对光伏电池转换效率提升显著。2018 年我国 BSF-P 型单晶、PERC-P 型单晶电池的平均效率分别为 20.6%、21.8%，P 型单晶电池应用 PERC 效率提升约 1.2%。2019 年，我国晶硅电池片转换效率处于世界领先水平。规模化生产的 PERC-P 型单晶电池、BSF-P 型多晶硅黑硅电池平均转换效率分别达到 22.3% 和 19.3%。PERC 技术成为各类电池制造的主流工艺，其中 PERC-P 型多晶黑硅电池平均转换效率达到 20.5%，PERC-P 型单晶电池转换效率达 22.3%。各类 N 型单晶电池平均转换效率为 22.7% 以上。在薄膜电池技术方面，CdTe 薄膜电池转换效率有所提升，组件量产平均效率约为 14%。量产的玻璃基 CIGS 组件平均转换效率提升到 16%，柔性 CIGS 组件量产平均转换效率为 16.5%。此外，单结、双结 GaAs 电池也有相关的机构在进行研究，但是由于该领域的设备及技术具有独特性，进行研发的研究机构及企业较少。

2020 年，我国晶硅电池研发取得了非常大的进展，尤其是 TOPcon 电池转换效率已经接近 25%。此外，GaAs 电池和有机太阳能电池等新型电池转换效率有所提升。在晶硅电池技术方面，我国已达到了国际领先水平。晶科能源和阿特斯先后将晶硅电池转化率调高到了 23.3% 和 23.81%，这在当时是晶硅太阳能的最高世界纪录。在薄膜电池技术方面，经过长时间的研发和改进，我国的汉能 Alta Device 研发的单结 GaAs 电池转化效率达到了 29.1%，这在当时也创造了 GaAs 电池转化效率的世界纪录。其他新型太阳能电池技术方面，一是上海交通大学与北京航空航天大学创造的效率 18.2%的有机太阳能电池效率纪录；二是中国科学院化学所研发的有机层叠太阳能电池转换效率达到了 14.2%，也创造了当时的世界纪录。

3．涉网能力

2016—2020 年，提高太阳能涉网能力的创新突破技术主要有两大类，一类是虚拟同步机技术，另一类是风光火功率协调控制技术。

（1）虚拟同步发电机技术。虚拟同步机以先进的同步逆变技术和惯性储能单元为基础，通过模拟同步发电机的本体模型、有功调频以及无功调压等特性，使新能源发电从运行机制及外特性上可与火电等同步发电机相比拟。应用虚拟同步机后，风机、光伏等发电设备将具备频率自适应能力，能够等同常规火电机组参与一次调频、调压，支撑区域电网的安全稳定运行。如图 3-3 和图 3-4 所示，在扰动场景下，现有技术对频率偏差无响应。若应用虚拟同步机技术，出力可增加 13.3%，与同容量火电机组调频能力相当。在扰动场景下，现有技术无电压支撑能力；若应用虚拟同步机技术，可迅速将并网点电压恢复至故障前水平，调压效果显著。

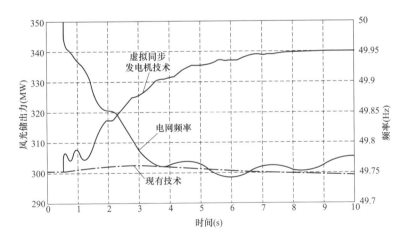

图 3-3　一次调频效果仿真示意图

经过不断的探索和研究，虚拟同步发电机技术在国内取得了突破性进展，并成功运用在电网工程中。2016 年，国家电网公司研制出世界上首套 500kW 光伏虚拟同步机，并在张北风光储输基地成功并网，标志着虚拟同步发电机技术正式应用于实际工程，将有效解决新能源安全并网难题，提升电网安全稳定运行水平及新能源并网消纳能力。

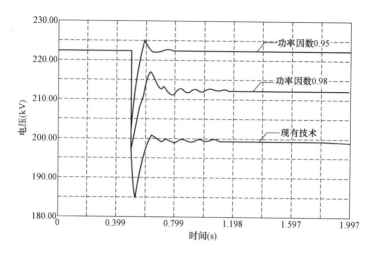

图 3-4　调压效果仿真图

（2）风光火功率协调控制技术。风光火功率协调控制技术主要是控制大型风电场、光伏发电厂以及配套的火力发电厂电能协调调度输出，从而扩大风电和光电的消纳范围，避免出现弃风和弃光现象，缓解地区电源结构与风—光电消纳突出矛盾，有效提高风电和光电消纳能力。

（二）发电经济性

1. 初始投资成本

根据 2020 年公布的光伏地面电站中标数据显示，2020 年光伏电站的初始投资成本为 2.43～4.60 元/W，加权平均价格为 3.49 元/W，较 2016 年降幅约为 52.1%。光伏发电初始投资成本包括光伏组件成本、建安工程成本、接网成本、其他成本。2020 年我国光伏电站初始投资成本中光伏组件成本占比最大，为 39%；其次是建安工程成本，占比约为 28%；接网成本占比约为 17%；其他成本占比约为 16%。

2. 度电成本

2016—2020 年，我国光伏的平准化度电成本仍保持平稳下降趋势。从 2016 年的平均度电成本为 0.102 美元/kWh（折合人民币 0.677 元/kWh）下降至 2020 年的 0.0316 美元/kWh（折合人民币 0.209 元/kWh），同比下降 69.1%。2020 年我国光伏地面电站 LCOE 为 0.0257～0.0459 美元/kWh，平均为 0.0316 美元/kWh；折合人民币 0.170～0.303 元/kWh，平均为 0.209 元/kWh。

第三节　东北地区新能源发展及消纳概况

2016—2020 年，我国东北地区累计总装机容量超过 1.5 亿 kW。同时，新能源保持快速发展，风电累计装机容量突破 3000 万 kW，太阳能累计装机容量突破 1000 万 kW。截至 2020 年年底，东北电网发电总装机容量 16200 万 kW，同比增长 7%，其中，风电、太阳能装机容量分别为 3431 万、1382 万 kW，占总装机容量的 21% 和 8%。2020 年，东北电网年发电量 5426 亿 kWh，同比增长 2.3%，其中，风电、太阳能发电量同比分别增长 7.2%、17.3%。用电负荷方面，2020 年，东北电网年用电量 4876 亿 kWh，同比增长 2%。其中，辽宁省用电量最高，为 2423 亿 kWh，同比增长 1.0%。2016—2020 年，用电量增速放缓，东北地区用电量年均增长 4.6%。

一、装机容量及发电量概况

1. 装机容量

截至 2020 年年底，东北电网发电总装机容量 16200 万 kW，同比增长 6%。其中，水电、火电、核电、风电、太阳能装机容量占比分别为 6%、62%、3%、21%、8%。东北电网电源结构如图 3-5 所示。

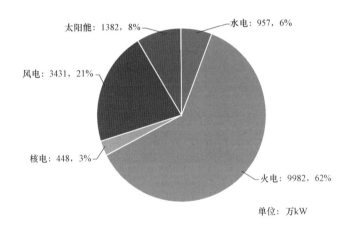

单位：万kW

图 3-5　东北电网电源结构

2016—2020 年，东北电网总装机容量年均增长 6.0%。其中，火电年均增长 3.1%，风电年均增长 6.9%，水电年均增长 3.6%，太阳能年均增长 89.2%，核电年均增长 9.8%。2016—2020 年东北电网装机容量变化如图 3-6 所示，装机结构变化如图 3-7 所示，各类电源装机容量增速如图 3-8 所示。

2016—2020 年，辽宁电网总装机容量年均增长 6.0%。其中，火电年均增长 3.5%，风电年均增长 9.1%，水电年均增长 0.8%，太阳能年均增长 122.6%核电年均增长 9.8%。2016—2020 年辽宁电网装机容量变化如图 3-9 所示，各类电源装机容量增速如图 3-10 所示。

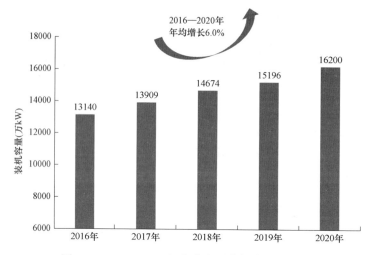

图 3-6　2016—2020 年东北电网装机容量变化图

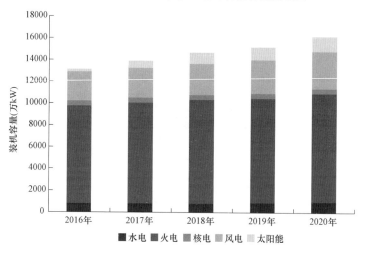

图 3-7　2016—2020 年东北电网装机结构变化图

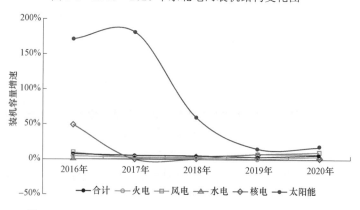

图 3-8　2016—2020 年东北电网各类电源装机容量增速图

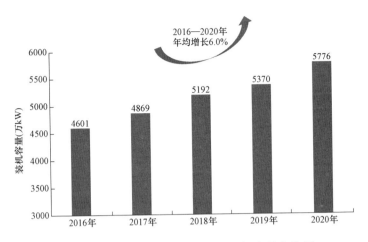

图 3-9　2016—2020 年辽宁电网装机容量变化图

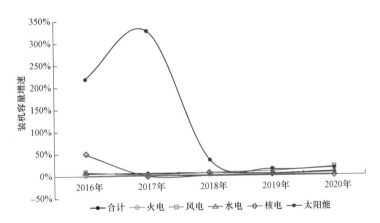

图 3-10　2016—2020 年辽宁电网各类电源装机容量增速图

　　吉林电网总装机容量年均增长 4.7%。其中，火电年均增长 0.8%，水电年均增长 6.5%，风电年均增长 5.5%，太阳能年均增长 202.1%。2016—2020 年吉林电网装机容量变化如图 3-11 所示，各类电源装机容量增速如图 3-12 所示。

　　黑龙江电网总装机容量年均增长 6.0%。其中，火电年均增长 3.5%，水电年均增长 1.5%，风电年均增长 6.5%，太阳能年均增长 268.2%。2016—2020 年黑龙江电网装机容量变化如图 3-13 所示，各类电源装机容量增速如图 3-14 所示。

　　蒙东电网总装机容量年均增长 6.8%。其中，火电年均增长 4.9%，风电年均增长 6.2%，太阳能年均增长 43.1%，水电年均增长下降 0.1%。2016—2020 年蒙东电网装机容量变化如图 3-15 所示，各类电源装机容量增速如图 3-16 所示。

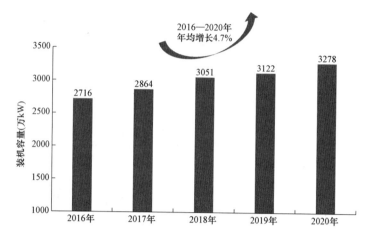

图 3-11　2016—2020 年吉林电网装机容量变化图

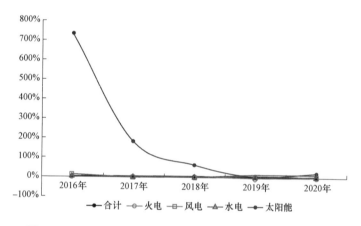

图 3-12　2016—2020 年吉林电网各类电源装机容量增速图

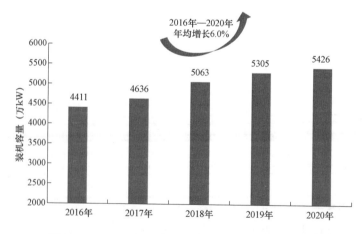

图 3-13　2016—2020 年黑龙江电网装机容量变化图

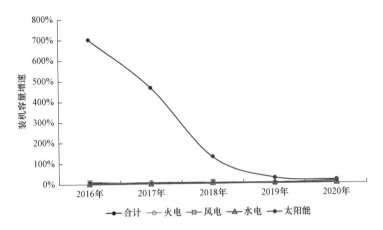

图 3-14　2016—2020 年黑龙江电网各类电源装机容量增速图

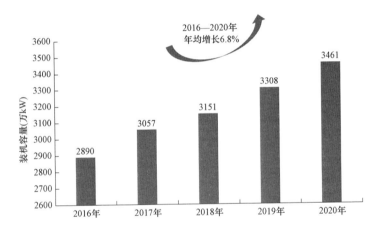

图 3-15　2016—2020 年蒙东电网装机容量变化图

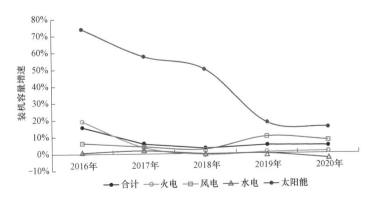

图 3-16　2016—2020 年蒙东电网各类电源装机容量增速图

2. 发电量

2020 年，东北电网年发电量 5426 亿 kWh，同比增长 2.2%。其中，火电、核电发电量同比分别下降 0.2%、0.1%，水电、风电、太阳能发电量同比分别增长 23.9%、7.2%、17.3%。东北电网分类型发电量占比如图 3-17 所示。

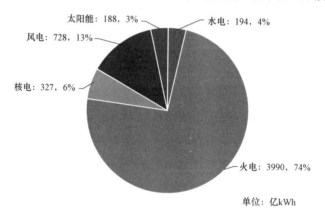

太阳能：188，3%　水电：194，4%
风电：728，13%
核电：327，6%
火电：3990，74%

单位：亿kWh

图 3-17　东北电网分类型发电量占比

2016—2020 年，东北电网发电量年均增长 5.3%。其中，火电年均增长 2.9%，水电年均增长 13.9%，风电年均增长 13.5%，核电发电量年均增长 18.5%，太阳能发电量年均增长 88.3%。2016—2020 年东北电网发电量变化如图 3-18 所示，各类电源发电量增速如图 3-19 所示。

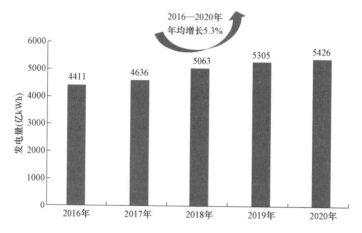

图 3-18　2016—2020 年东北电网发电量变化图

2016—2020 年，辽宁电网发电量年均增长 4.7%。其中，火电年均增长 1.2%，水电年均增长 16.1%，风电年均增长 11.7%，核电发电量年均增长 18.5%，太阳能发电量年均增长 123.1%。2016—2020 年辽宁电网发电量变化如图 3-20 所示，各类电源发电量增速如图 3-21 所示。

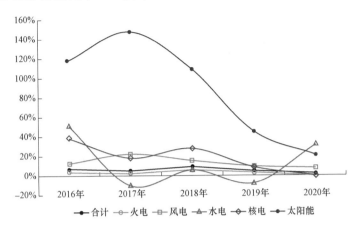

图 3-19　2016—2020 年东北电网各类电源发电量增速图

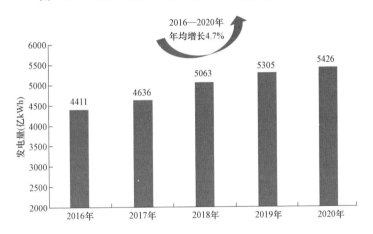

图 3-20　2016—2020 年辽宁电网发电量变化图

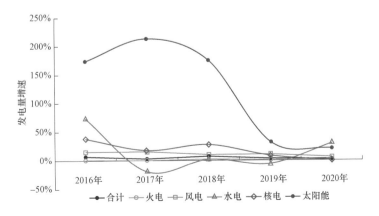

图 3-21　2016—2020 年辽宁电网各类电源发电量增速图

　　2016—2020 年，吉林电网发电量年均增长 7.1%。其中，火电年均增长 4.2%，水电年均增长 15.5%，风电年均增长 16.8%，太阳能发电量年均增长 137.1%。2016—2020 年吉林电网发电量变化如图 3-22 所示，各类电源发电量增速如图 3-23 所示。

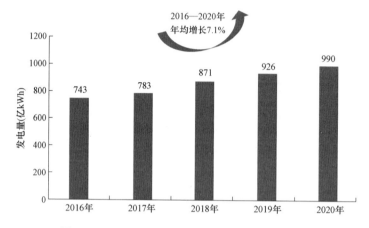

图 3-22　2016—2020 年吉林电网发电量变化图

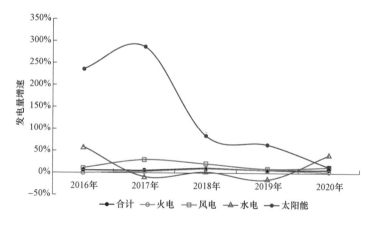

图 3-23　2016—2020 年吉林电网各类电源发电量增速图

　　2016—2020 年，黑龙江电网发电量年均增长 4.4%。其中，火电年均增长 2.2%，水电年均增长 11.0%，风电年均增长 14.7%，太阳能发电量年均增长 241.3%。2016—2020 年黑龙江电网发电量变化如图 3-24 所示，各类电源发电量增速如图 3-25 所示。

　　2016—2020 年，蒙东电网发电量年均增长 8.0%。其中，火电年均增长 6%，水电年均增长 20.2%，风电年均增长 12.9%，太阳能发电量年均增长 49.5%。2016—2020 年蒙东电网发电量变化如图 3-26 所示，各类电源发电量增速如图

3-27 所示。

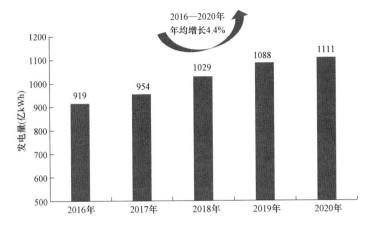

图 3-24　2016—2020 年黑龙江电网发电量变化图

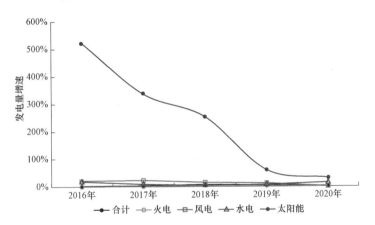

图 3-25　2016—2020 年黑龙江电网各类电源发电量增速图

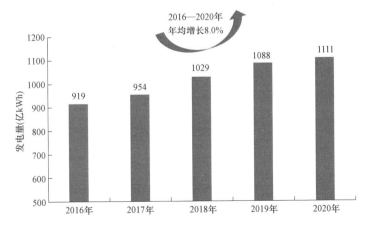

图 3-26　2016—2020 年蒙东电网发电量变化图

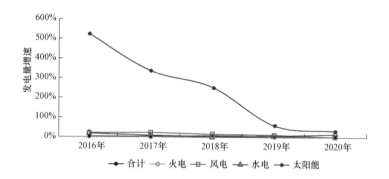

图 3-27 2016—2020 年蒙东电网各类电源发电量增速图

二、用电量增长概况

1. 用电量情况

2020 年，东北电网年用电量 4876 亿 kWh，同比增长 1.7%。其中，辽宁、吉林、黑龙江、蒙东用电量分别为 2423 亿、805 亿、1014 亿、610 亿 kWh，同比增长 0.9%、3.1%、1.8%、3.6%。东北电网用电量分布如图 3-28 所示。

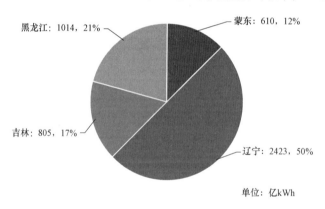

图 3-28 东北电网用电量分布

2. 逐年变化情况

2016—2020 年，用电增速持续放缓，东北地区用电量年均增长 4.4%，在 2020 年达到最低，较 2016 年下降约 4 个百分点。2016—2020 年东北电网用电量变化曲线如图 3-29 所示。

三、新能源消纳概况

1. 风电发展消纳情况

截至 2020 年年底，风电装机容量达 3431 万 kW。其中，辽宁、吉林、黑龙江、蒙东风电装机容量分别为 981 万、577 万、686 万、1188 万 kW。风电发电量达 728 亿 kWh，较 2019 年增速下降 2%。东北电网及各省区风电装机容量和增速如图 3-30 所示，东北电网风电发电量及增速如图 3-31 所示。

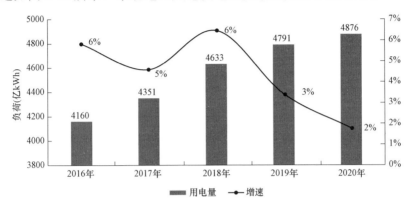

图 3-29　2016—2020 年东北电网用电量变化曲线

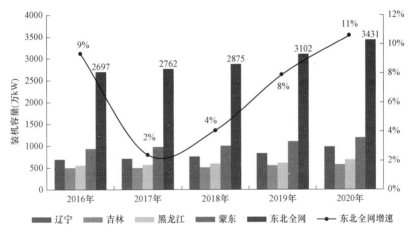

图 3-30　东北电网及各省区风电装机容量和增速

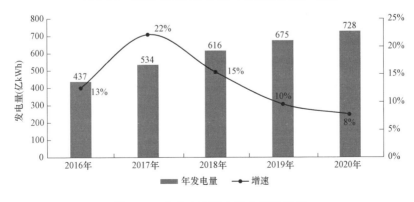

图 3-31　东北电网风电发电量及增速

东北风电利用小时数由 2016 年的 1689h 上升到 2020 年的 2308h，累计上升 619h。其中，辽宁、吉林、黑龙江、蒙东风电利用小时数分别较 2016 年上升 315、976、600、653h。东北电网近年来风电利用小时数如图 3-32 所示，东北各省区近年来风电利用小时数如图 3-33 所示。

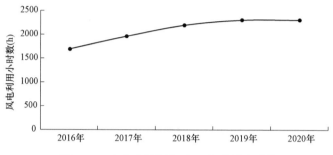

图 3-32　东北电网近年来风电利用小时数

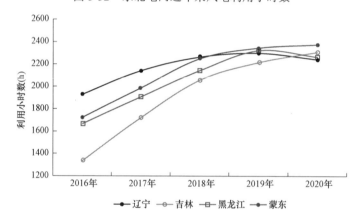

图 3-33　东北各省区近年来风电利用小时数

2020 年，东北地区弃风电量 12.1 亿 kWh，同比下降 23%；风电利用率 98.4%，同比提高 0.6 个百分点。2016—2020 年东北弃风电量和利用率情况如图 3-34 所示。

2. 光伏发展消纳情况

截至 2020 年年底，光伏装机容量 1382 万 kW。其中，辽宁、吉林、黑龙江、蒙东风电装机容量分别为 400 万、338 万、318 万、327 万 kW。光伏发电量达 188 亿 kWh，较 2016 年增速下降 97%。东北电网及各省区光伏装机容量和增速如图 3-35 所示，东北电网光伏发电量及增速如图 3-36 所示。

东北地区光伏利用小时数由 2016 年的 1347h 上升到 2020 年的 1492h，累计上升 145h。其中，辽宁、吉林、黑龙江、蒙东风电利用小时数分别较 2016 年上升 248、331、173、114h。东北电网 2016—2020 年光伏利用小时数如图 3-37 所示，东北各省区 2016—2020 年光伏利用小时数如图 3-38 所示。

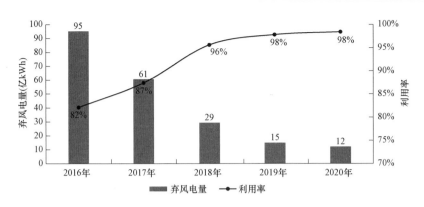

图 3-34   2016—2020 年东北弃风电量和利用率情况

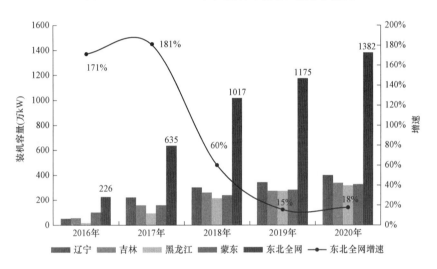

图 3-35   东北电网及各省区光伏装机容量和增速

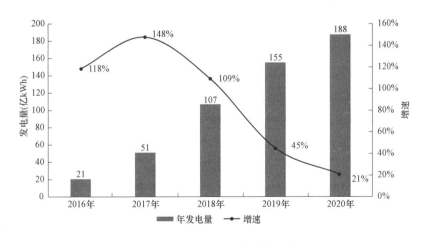

图 3-36   东北电网光伏发电量及增速

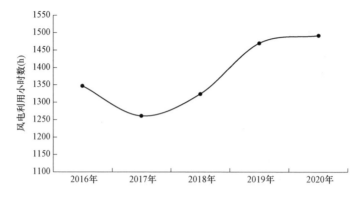

图 3-37 东北电网 2016—2020 年光伏利用小时数

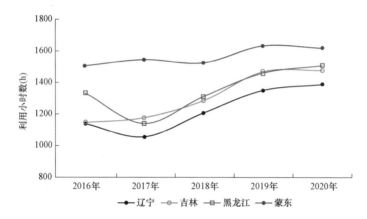

图 3-38 东北各省区 2016—2020 年光伏利用小时数

2020 年，东北地区弃光电量 0.8 亿 kWh，同比提高 13%；光伏利用率 99.6%，同比没有增减。2016—2020 年东北地区弃光电量和利用率情况如图 3-39 所示。

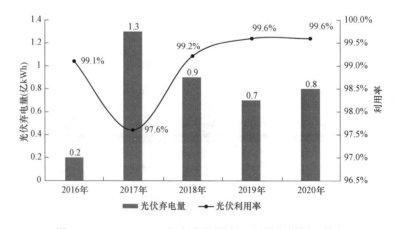

图 3-39 2016—2020 年东北地区弃光电量和利用率情况

第四节　东北地区新能源阶段发展存在的问题

（1）调峰问题解决后，局部地区网架输送能力不足再度成为弃电的主要原因。在该阶段，国家出台文件实施预警机制和规模管控之后，调峰问题得到明显改善。但是随着新能源的迅速发展，局部地区网架输送能力不足再度显现，成为弃电的主要原因。"十三五"期间东北电网调峰弃电低于网架弃电，网架原因导致新能源弃电占比进一步提升。同时电源增长速度远大于负荷增长速度，在网架结构没有改善的情况下，断面受限问题愈加严重，亟待合理控制东北地区电源发展结构。

（2）受多方因素影响，新能源装机容量增长放缓。在该阶段中，新能源利用率虽然得到了有效提升，但是由于受到用电量增速持续放缓、局部地区网架输送能力不足等影响，新能源整体消纳水平有限，这在一定程度上影响了新能源的装机容量增长速度。2016—2020年，东北电网总装机容量年均增长6.0%。其中，风电年均增速为6.9%，较上一阶段降低了13个百分点。

第五节　东北地区新能源发展重大事件

2016年，在500kV瞻榆、庆丰风电汇集站加装次同步监测及控制装置，并推动省（自治区）公司在风火集中送出的主要500kV厂站加装次同步振荡监测装置。

2017年，针对鲁固特高压直流闭锁导致近区风机高电压脱网问题，东北电网开展鲁固近区风机高电压穿越能力改造工作，2019年年底完成110家风电场、1238万kW风电机组1.3倍高电压穿越能力改造工作。

2017年，东北电网建设东北区域高频保护新能源切除系统，针对鲁固直流闭锁时近区风机高频率、高电压问题，优先切除49个风电执行站。

2017年，东北电网正式开展区域内跨省电力用户与发电企业直接交易，辽宁电力用户与蒙东发电企业跨省直接交易。

2018年，东北电网首次实现省间市场化交易。2018年，实现吉林送辽宁电量市场化；2020年，实现黑龙江送辽宁电量市场化。

2020年，东三省首座"共享电力杆塔"5G基站在牡丹江建设完成。

第四章　"双碳"目标下新能源"量率"协同再次受到关注（2021年至今）

大力发展以风电、光伏发电为主的新能源，是加快建设新型能源体系、实现"双碳"目标的必然选择。随着我国新能源持续迅猛发展，"量率"协同发展成为保持科学合理的新能源利用率水平，以及新能源高质量发展的关键因素。在这期间，我国新能源不断发展，主要体现在以下几个方面：

（1）在政策方面，强调增强保供能力的基础上，更加注重"量率"协同发展。这该阶段中，国家不断出台政策措施，一方面建立多远保障机制，增强系统保供能力，同时强化消纳责任权重引导机制，提高消纳能力，支撑新能源开发。另一方面，在延续平价上网、明确补贴的同时，加快现货市场建设，推动绿电交易。

（2）新能源行业方面，行业技术水平不断增强，竞争实力处于国际领先地位。在风电方面，我国多次在风电机组技术创新领域取得新的突破，尤其海上风机发展取得较大突破，最大功率机型发展至16MW级别。在太阳能发电行业方面，我国光伏产业仍保持增长势头。其中，ERC电池技术已经非常成熟，市场占有率进一步提升至91.2%，处于全球领先地位。

第一节　新能源相关政策

国家提出"双碳"目标，和地方进一步针对新能源弃电问题，科学合理引导新能源发展，同时鼓励新能源参与市场，扩大新能源消纳空间。在国家层面：主要是在发展规划、年度开发建设、运行消纳、电价补贴、市场交易等五个方面，推进新能源"量率"协同发展，增强电力供应能力。在发展规划方面，由"消纳引导开发规模"向由"消纳支撑开发需求"转变；在年度开发建设方面，建立并网多元保障机制，增强供应保障能力；在运行消纳方面，强化可再生能源电力消纳责任权重引导机制，多措并举提高电力供应能力；在电价补贴方面，延续平价上网政策，明确补贴条件，开展补贴核查工作；在市场交易方面，加快现货市场建设，推动绿色电力交易，明确新能源参与市场路线图和时间线。在地方层面：发布新版"两个细则"，加强并网运行和辅助服务管理，深化电力辅助服务市场机制建设，提升电力系统清洁能源消纳能力，保障电力安全可靠供应。

一、国家推动新能源发展主要政策

随着"双碳"目标的提出，我国风电、光伏发电发展的政策环境发生深刻变化。"十四五"以来，国家发布了多项新能源相关产业政策，我国新能源发展思路、发展机制、发展模式等发生重大调整，推动新能源发展由"消纳引导开发规模"向由"消纳支撑开发需求"转变，实现新能源大规模、高比例、市场化、高质量发展。

（一）发展规划：由"消纳引导开发规模"向由"消纳支撑开发需求"转变

2021—2022年我国颁布的新能源发展规划相关政策法规见表4-1。

表 4-1　　2021—2022年我国颁布的新能源发展规划相关政策法规

颁布年份	名　称	主　要　内　容
2022	《关于完善能源绿色低碳转型体制机制和政策措施的意见》	"十四五"时期，基本建立推进能源绿色低碳发展的制度框架，到2030年，基本建立完整的能源绿色低碳发展基本制度和政策体系
2022	《"十四五"新型储能发展实施方案的通知》	到2025年，新型储能由商业化初期步入规模化发展阶段、具备大规模商业化应用条件。到2030年，新型储能全面市场化发展
2022	《"十四五"现代能源体系规划》	到2025年，非化石能源消费比重提高到20%左右，非化石能源发电量比重达到39%左右，新能源技术水平持续提升。展望2035年，能源高质量发展取得决定性进展，基本建成现代能源体系
2022	《关于促进新时代新能源高质量发展的实施方案》	加快推进以沙漠、戈壁、荒漠地区为重点的大型风电光伏基地建设。促进新能源开发利用与乡村振兴融合发展。推动新能源在工业和建筑领域应用。引导全社会消费新能源等绿色电力
2022	《"十四五"可再生能源发展规划》	2025年，可再生能源年发电量达到3.3万亿kWh左右，风电和太阳能发电量实现翻倍；全国可再生能源电力总量消纳责任权重达到33%左右，可再生能源电力非水电消纳责任权重到18%左右，可再生能源利用率保持在合理水平
2023	《关于促进退役风电、光伏设备循环利用的指导意见》	提出了退役风电、光伏设备循环利用的工作目标。到2025年，集中式风电场、光伏发电站退役设备处理责任机制基本建立，退役风电、光伏设备循环利用相关标准规范进一步完善，资源循环利用关键技术取得突破。到2030年，风电、光伏设备全流程循环利用技术体系基本成熟，资源循环利用模式更加健全，资源循环利用能力与退役规模有效匹配，标准规范更加完善，风电、光伏产业资源循环利用水平显著提升，形成一批退役风电、光伏设备循环利用产业集聚区

1. 构建能源绿色低碳转型推进机制

2022 年 1 月 30 日，国家发展改革委、国家能源局联合印发《关于完善能源绿色低碳转型体制机制和政策措施的意见》，"十四五"时期，基本建立推进能源绿色低碳发展的制度框架，形成比较完善的政策、标准、市场和监管体系。到 2030 年，基本建立完整的能源绿色低碳发展基本制度和政策体系，形成非化石能源基本满足能源需求增量，能源安全保障能力得到全面增强的能源生产消费格局。以沙漠、戈壁、荒漠地区为重点，加快推进大型风电、光伏发电基地建设，对区域内现有煤电机组进行升级改造，探索建立送受两端协同为新能源电力输送提供调节的机制，支持新能源电力能建尽建、能并尽并、能发尽发。

2. 加快推进先进储能技术规模化应用

2022 年 3 月，国家发展改革委、国家能源局联合印发《"十四五"新型储能发展实施方案的通知》，到 2025 年，新型储能由商业化初期步入规模化发展阶段、具备大规模商业化应用条件。新型储能技术创新能力显著提高、核心技术装备自主可控水平大幅提升，标准体系基本完善。产业体系日趋完备，市场环境和商业模式基本成熟。其中，电化学储能技术性能进一步提升，系统成本降低 30% 以上；火电与核电机组抽汽蓄能等依托常规电源的新型储能技术、百兆瓦级压缩空气储能技术实现工程化应用；兆瓦级飞轮储能等机械储能技术逐步成熟；氢储能、热（冷）储能等长时间尺度储能技术取得突破。到 2030 年，新型储能全面市场化发展。新型储能核心技术装备自主可控，技术创新和产业水平稳居全球前列，市场机制、商业模式、标准体系成熟健全，与电力系统各环节深度融合发展，基本满足构建新型电力系统需求，全面支撑能源领域碳达峰目标如期实现。

2023 年 7 月，国家发展改革委、国家能源局、工业和信息化部、生态环境部、商务部、国务院国资委联合发布《关于促进退役风电、光伏设备循环利用的指导意见》（发改环资〔2023〕1030 号）。这是我国首份系统部署退役风电、光伏设备循环利用工作的政策文件，提出了退役风电、光伏设备循环利用的工作目标。到 2025 年，集中式风电场、光伏发电站退役设备处理责任机制基本建立，退役风电、光伏设备循环利用相关标准规范进一步完善，资源循环利用关键技术取得突破。到 2030 年，风电、光伏设备全流程循环利用技术体系基本成熟，资源循环利用模式更加健全，资源循环利用能力与退役规模有效匹配，标准规范更加完善，风电、光伏产业资源循环利用水平显著提升，形成一批退役风电、光伏设备循环利用产业集聚区。

3. 以供给侧结构性改革为主线构建现代能源体系

2022 年 3 月，国家发展改革委、国家能源局发布《"十四五"现代能源体系规划》，到 2025 年，非化石能源消费比重提高到 20% 左右，非化石能源发电量比重达到39%左右，新能源技术水平持续提升，新型电力系统建设取得阶段性进展，安全高效储能、氢能技术创新能力显著提高，减污降碳技术加快推广应用。展望2035年，能源高质量发展取得决定性进展，基本建成现代能源体系。能源安全保障能力大幅提升，绿色生产和消费模式广泛形成，非化石能源消费比重在2030年达到25%的基础上进一步大幅提高，可再生能源发电成为主体电源，新型电力系统建设取得实质性成效，碳排放总量达峰后稳中有降。

4. 更好发挥新能源在能源保供增供方面的作用

2022年5月，国家发展改革委、国家能源局发布《关于促进新时代新能源高质量发展的实施方案》，"十四五"期间，风电、光伏等主要新能源进入大规模、高比例、市场化、高质量发展新阶段。多方面创新新能源开发利用模式，是推动新能源跃升发展、加快能源结构转型、助力碳达峰碳中和目标实现的重要保障。一是加快推进以沙漠、戈壁、荒漠地区为重点的大型风电光伏基地建设。二是促进新能源开发利用与乡村振兴融合发展。三是推动新能源在工业和建筑领域应用。四是引导全社会消费新能源等绿色电力。

5. 推进能源革命和构建清洁低碳、安全高效能源体系

2022年6月，国家发展改革委等九部门联合印发《"十四五"可再生能源发展规划》，锚定碳达峰、碳中和与2035年远景目标，按照2025年非化石能源消费占比20%左右任务要求，大力推动可再生能源发电开发利用，积极扩大可再生能源非电利用规模，2025年，可再生能源消费总量达到10亿t标准煤左右。"十四五"期间，可再生能源在一次能源消费增量中占比超过50%；2025年，可再生能源年发电量达到3.3万亿kWh左右。"十四五"期间，可再生能源发电量增量在全社会用电量增量中的占比超过50%，风电和太阳能发电量实现翻倍；2025年，全国可再生能源电力总量消纳责任权重达到33%左右，可再生能源电力非水电消纳责任权重达到18%左右，可再生能源利用率保持在合理水平。

（二）年度开发建设：建立并网多元保障机制，增强供应保障能力

2021—2022年我国颁布的新能源年度开发建设相关政策法规见表4-2。

表4-2　　2021—2022年我国颁布的新能源年度开发建设相关政策法规

颁布年份	名　称	主　要　内　容
2021	《关于2021年风电、光伏发电开发建设有关事项的通知》	强化可再生能源电力消纳责任权重引导机制，建立保障性并网、市场化并网等并网多元保障机制，加快推进存量项目建设
2022	《2022年能源工作指导意见》	提出以保障能源安全稳定供应为首要任务。2022年，风电、光伏发电发电量占全社会用电量的比重达到12.2%左右。风电、光伏发电利用率持续保持合理水平。加大力度规划建设新能源供给消纳体系

1. 建立并网多元保障机制，提出保障性和市场化并网规模

2021年5月，国家能源局发布了《关于2021年风电、光伏发电开发建设有关事项的通知》。一是2021年全国风电、光伏发电发电量占全社会用电量的比重达到11%左右，后续逐年提高，确保2025年非化石能源消费占一次能源消费的比重达到20%左右；二是强化可再生能源电力消纳责任权重引导机制，建立保障性并网、市场化并网等并网多元保障机制，加快推进存量项目建设；三是明确2020年年底前已核准且在核准有效期内的风电项目、2019年和2020年平价风电光伏项目，以及竞价光伏项目直接纳入各省（自治区、直辖市）保障性并网项目范围，2021年保障性并网规模不低于9000万kW；四是各省级能源主管部门应依据本省（自治区、直辖市）2022年非水电最低消纳责任权重，确定2022年度保障性并网规模。

2. 着力提高新能源利用效率

2022年3月17日，国家能源局印发《2022年能源工作指导意见》，提出以保障能源安全稳定供应为首要任务，着力增强国内能源生产保障能力，切实把能源饭碗牢牢地端在自己手里。2022年，煤炭消费比重稳步下降，非化石能源占能源消费总量比重提高到17.3%左右，新增电能替代电量1800亿kWh左右，风电、光伏发电发电量占全社会用电量的比重达到12.2%左右。跨区输电通道平均利用小时数处于合理区间，风电、光伏发电利用率持续保持合理水平。加大力度规划建设以大型风光基地为基础、以其周边清洁高效先进节能的煤电为支撑、以稳定安全可靠的特高压输变电线路为载体的新能源供给消纳体系。优化近海风电布局，开展深远海风电建设示范，稳妥推动海上风电基地建设。积极推进水风光互补基地建设。继续实施整县屋顶分布式光伏开发建设，加强实施情况监管。因地制宜组织开展"千乡万村驭风行动"和"千家万户沐光行动"。充分利用油气矿区、工矿场区、工业园区的土地、屋顶资源开发分布式风电、光伏。健全可再生能源电力消纳保障机制，发布2022年各省消纳责任权重，完善可再生能源发电绿色电力证书制度。

（三）运行消纳：强化可再生能源电力消纳责任权重引导机制，多措并举提高电力供应能力

2021—2023年我国颁布的新能源运行消纳相关政策法规见表4-3。

表4-3 2021—2023年我国颁布的新能源运行消纳相关政策法规

颁布年份	名　称	主　要　内　容
2021	《关于积极推动新能源发电项目能并尽并、多发满发有关工作的通知》	按照"能并尽并"原则，对具备并网条件的风电、光伏发电项目，切实采取有效措施，保障及时并网。按照"多发满发"原则，严格落实优先发电制度，加强科学

颁布年份	名　称	主　要　内　容
2021	《关于积极推动新能源发电项目能并尽并、多发满发有关工作的通知》	调度，优化安排系统运行方式，实现新能源发电项目多发满发，进一步提高电力供应能力
2021	《关于鼓励可再生能源发电企业自建或购买调峰能力增加并网规模的通知》	鼓励在自愿的前提下自建储能或调峰资源增加并网规模，20%以上比例的优先并网
2021	《关于2021年可再生能源电力消纳责任权重及有关事项的通知》	从2021年起，每年年初滚动发布各省权重，同时印发当年和次年消纳责任权重。各省可以根据各自经济发展需要、资源禀赋和消纳能力等，相互协商采取灵活有效的方式，共同完成消纳责任权重
2022	《关于2022年可再生能源电力消纳责任权重及有关事项的通知》	明确各省2022年可再生能源电力消纳责任权重以及2023年可再生能源电力消纳责任权重预期目标。从2022年起，逐步建立以可再生能源绿色电力证书计量可再生能源消纳量的相关制度
2022	《关于进一步做好新增可再生能源消费不纳入能源消费总量控制有关工作的通知》	明确风电、太阳能发电不纳入能源消费总量，"十四五"期间每年较上一年新增的可再生能源电力消费量，在全国和地方能源消费总量考核时予以扣除。明确可再生能源绿色电力证书是可再生能源电力消费的凭证
2023	《关于2023年可再生能源电力消纳责任权重及有关事项的通知》	明确2023年可再生能源电力消纳责任权重为约束性指标及2024年权重为预期性指标

1. 完善能源消费强度和总量双控制度

2022年11月，国家发展改革委、国家统计局、国家能源局联合印发《关于进一步做好新增可再生能源消费不纳入能源消费总量控制有关工作的通知》，明确不纳入能源消费总量的可再生能源，现阶段主要包括风电、太阳能发电、水电、生物质发电、地热能发电等可再生能源。以各地区2020年可再生能源电力消费量为基数，"十四五"期间每年较上一年新增的可再生能源电力消费量，在全国和地方能源消费总量考核时予以扣除。可再生能源绿色电力证书是可再生能源电力消费的凭证，各省级行政区域可再生能源消费量以本省各类型电力用户持有的当年度绿证作为相关核算工作的基准，企业可再生能源消费量以本企业持有的当年度绿证作为相关核算工作的基准。绿证核发范围覆盖所有可再生能源发电项目，建立全国统一的绿证体系，由国家可再生能源信息管理中心根据国家相关规定和电网提供的基础数据向可再生能源发电企业按照项目所发电量核发相应绿证。

2. 发挥新能源在"迎峰度冬"期间的保供作用

2021年10月，国家能源局发布《关于积极推动新能源发电项目能并尽并、多发满发有关工作的通知》，明确各电网企业按照"能并尽并"原则，对具备并网条件的风电、光伏发电项目，切实采取有效措施，保障及时并网。各电网企业按照"多发满发"原则，严格落实优先发电制度，加强科学调度，优化安排系统运行方式，实现新能源发电项目多发满发，进一步提高电力供应能力。2022年11月，国家能源局印发《关于积极推动新能源发电项目应并尽并、能并早并有关工作的通知》，明确电网企业在确保电网安全稳定、电力有序供应前提下，按照"应并尽并、能并早并"原则，对具备并网条件的风电、光伏发电项目，切实采取有效措施，保障及时并网，允许分批并网，不得将全容量建成作为新能源项目并网必要条件。加大统筹协调力度，加大配套接网工程建设，与风电、光伏发电项目建设做好充分衔接，力争同步建成投运。

3. 下发各省级行政区域可再生能源电力消纳责任权重

2021年5月，国家发展改革委、国家能源局下发《关于2021年可再生能源电力消纳责任权重及有关事项的通知》，从2021年起，每年年初滚动发布各省权重，同时印发当年和次年消纳责任权重，当年权重为约束性指标，各省按此进行考核评估，次年权重为预期性指标，各省按此开展项目储备。各省可以根据各自经济发展需要、资源禀赋和消纳能力等，相互协商采取灵活有效的方式，共同完成消纳责任权重。对超额完成激励性权重的，在"能源双控"考核时按国家有关政策给予激励。2021年8月，国家发展改革委、国家能源局印发《关于2022年可再生能源电力消纳责任权重及有关事项的通知》，明确各省2022年可再生能源电力消纳责任权重以及2023年可再生能源电力消纳责任权重预期目标。充分发挥可再生能源电力消纳责任权重在促进可再生能源发展、引导跨省跨区可再生能源电力交易和全国范围优化配置可再生能源的作用。从2022年起，逐步建立以可再生能源绿色电力证书计量可再生能源消纳量的相关制度。

2023年7月，国家发展改革委、国家能源局发布《关于2023年可再生能源电力消纳责任权重及有关事项的通知》（发改办能源〔2023〕569号），将2023年可再生能源电力消纳责任权重和2024年预期目标印发（可再生能源电力消纳责任权重是指按省级行政区域对电力消费规定应达到的可再生能源电量比重）。明确2023年可再生能源电力消纳责任权重为约束性指标，各省按此进行考核评估；2024年权重为预期性指标，各省按此开展项目储备。

4. 鼓励发电企业配置灵活调节资源

2021年7月，国家发展改革委、国家能源局发布《关于鼓励可再生能源发电企业自建或购买调峰能力增加并网规模的通知》。每年新增的并网消纳规模中，电网企业应承担主要责任，电源企业适当承担可再生能源并网消纳责任，随着新能源发电技术进步、效率提高，以及系统调峰成本的下降，将电网企业承担的消纳规模和比例有序调减；在电网企业承担风电和太阳能发电等可再生能源保障性并网责任以外，仍有投资建设意愿的可再生能源发电企业，鼓励在自愿的前提下自建储能或调峰资源增加并网规模，20%以上挂钩比例的优先并网，也可通过与调峰资源市场主体进行市场化交易的方式承担调峰责任以增加可再生能源发电装机并网规模。

（四）电价补贴：延续平价上网政策，明确补贴条件，开展补贴核查工作

2021—2022年我国颁布的新能源电价补贴相关政策法规见表4-4。

表4-4　　　2021—2022年我国颁布的新能源电价补贴相关政策法规

颁布年份	名　　称	主　要　内　容
2021	《关于2021年新能源上网电价政策有关事项的通知》	明确2021年新备案的集中式和工商业分布式光伏项目上网电价执行当地燃煤发电基准价，2021年户用光伏补贴标准为每千瓦时补贴3分钱
2021	《关于下达2021年可再生能源电价附加补助资金预算的通知》	明确补贴标准和时限，提出超出合理利用小时数的项目补贴资金收回，拨付资金已超过合理利用小时数的项目，应在后续电费结算中予以抵扣
2022	《关于2022年新建风电、光伏发电项目延续平价上网政策的函》	2022年，对新核准陆上风电项目、新备案集中式光伏电站和工商业分布式光伏项目，延续平价上网政策，上网电价按当地燃煤发电基准价执行
2022	《关于开展可再生能源发电补贴自查工作的通知》	开展可再生能源发电补贴核查工作，自查范围为2021年12月31日已并网的风电、光伏和生物质发电项目。明确通过企业自查、现场检查、重点督查相结合的方式，进一步摸清可再生能源发电补贴底数，严厉打击可再生能源发电骗补等行为

1. 继续推动竞争性配置，充分发挥价格信号引导作用

2021年6月，国家发展改革委下发《关于2021年新能源上网电价政策有关事项的通知》。一是明确2021年新备案的集中式和工商业分布式光伏项目上网电价执行当地燃煤发电基准价；二是强调新建项目可自愿参与市场化交易形成上网电价，这意味着光伏等新能源发电市场化交易价格有可能要比燃煤基准价高，与市场化交易会拉低电价的此前行业预期明显不同；三是对于目前成本仍较高、但未来又具备发展空间的海上风电和光热发电项目，将定价权下放到省级价格主管部门，既不增加国家补贴，又推动相关行业的发展；四是确定2021年户用光伏补贴标准为每千瓦时补贴3分钱，户用光伏仍将保持较快增长。2022年4月8日，国家发展改革委印发《关于2022年新建风电、光伏发电项目延续平价上网政策的函》，2022年，对新核准陆上风电项目、新备案集中式光伏电站和工商业分布式光伏项目，延续平价上网政策，上网电价按当地燃煤发电基准价执行；新建项目可自愿通过参与市场化交易形成上网电价，以充分体现新能源的绿色电力价值。鼓励各地出台针对性扶持政策，支持风电、光伏发电产

业高质量发展。

2. 进一步完善补贴资金管理制度

2021 年 5 月，财政部发布《关于下达 2021 年可再生能源电价附加补助资金预算的通知》。一是光伏扶贫项目分类拨付，按批次优先保障拨付至项目并网之日起至 2020 年年底应付补贴资金的 50%；二是超出合理利用小时数的项目补贴资金收回，拨付资金已超过合理利用小时数的项目，应在后续电费结算中予以抵扣；三是享受补贴电量需扣除外购厂用电，可再生能源发电项目上网电量扣除厂用电外购电部分后按规定享受补贴；四是明确补贴清单审核时间，2019 年年底前完成并网的项目，原则上应在 2021 年年底前完成补贴清单审核，2020 年起并网的项目，原则上应在并网后一年内完成补贴清单审核。

3. 开展可再生能源发电补贴核查工作

2022 年 3 月，国家发展改革委、国家能源局、财政部联合印发《关于开展可再生能源发电补贴自查工作的通知》，要求各地机关和发电企业开展可再生能源发电补贴核查工作，自查范围为 2021 年 12 月 31 日已并网的风电、光伏和生物质发电项目。明确通过企业自查、现场检查、重点督查相结合的方式，进一步摸清可再生能源发电补贴底数，严厉打击可再生能源发电骗补等行为。自查对象包括电网企业和发电企业。自查内容主要包括项目合规性、规模、电量、电价、补贴资金、环境保护（仅生物质发电）六个方面。

（五）市场交易：加快现货市场建设，推动绿色电力交易，明确新能源参与市场路线图和时间线

2021—2023 年我国颁布的新能源市场交易相关政策法规见表 4-5。

表 4-5　　　2021—2023 年我国颁布的新能源市场交易相关政策法规

颁布年份	名　　称	主　要　内　容
2021	《关于进一步做好电力现货市场建设试点工作的通知》	明确了第二批电力现货试点。鼓励新能源项目签订长周期差价合约参与电力市场。引导新能源项目 10% 的预计当期电量通过市场化交易竞争上网
2022	《关于加快建设全国统一电力市场体系的指导意见》	到 2025 年，全国统一电力市场体系初步建成，有利于新能源、储能等发展的市场交易和价格机制初步形成。到 2030 年，全国统一电力市场体系基本建成，新能源全面参与市场交易
2022	《关于加快推进电力现货市场建设工作的通知》	引导储能、分布式能源、新能源汽车、虚拟电厂、能源综合体等新型市场主体，以及增量配电网、微电网内的市场主体参与现货市场，充分激发和释放用户侧灵活调节能力
2022	《关于有序推进绿色电力交易有关事项的通知》	要求进一步体现绿色电力的环境价值，鼓励各类用户自愿消费绿色电力，要求中央企业和地方国有企业、高耗能企业、地方机关和事业单位承担绿色电力消费社会责任

续表

颁布年份	名　　称	主　要　内　容
2022	《关于推动电力交易机构开展绿色电力证书交易的通知》	在国家可再生能源信息管理中心组织绿证自愿认购的基础上，推动电力交易机构开展绿证交易，引导更多市场主体参与绿电绿证交易，促进可再生能源消费
2023	《关于享受中央政府补贴的绿电项目参与绿电交易有关事项的通知》	享受国家可再生能源补贴的绿色电力，参与绿电交易时高于项目所执行的煤电基准电价的溢价收益等额冲抵国家可再生能源补贴或归国家所有；发电企业放弃补贴的，参与绿电交易的全部收益归发电企业所有
2023	《关于做好可再生能源绿色电力证书全覆盖工作促进可再生能源电力消费的通知》	明确绿证的适用范围，规范绿证核发，完善绿证交易。绿证是我国可再生能源电量环境属性的唯一证明，是认定可再生能源电力生产、消费的唯一凭证。国家对符合条件的可再生能源电量核发绿证，1 个绿证单位对应 1000kWh可再生能源电量
2023	《关于发布〈电力现货市场基本规则（试行）〉的通知》	明确近期重点推进省间、省（自治区、直辖市）/区域市场建设，以"统一市场、协同运行"起步，加强中长期、现货、辅助服务交易衔接，畅通批发、零售市场价格传导，推动新能源、新型主体、各类用户平等参与电力交易
2023	《关于进一步加快电力现货市场建设工作的通知》	做好现货与中长期交易衔接。研究对新能源占比较高的省份，适当放宽年度中长期合同签约比例。 完善电力市场价格体系。各地现货市场出清价格上限设置应满足鼓励调节电源顶峰需要并与需求侧响应价格相衔接，价格下限设置可参考当地新能源平均变动成本

1. 明确新能源参与电力市场路线图

2022 年 1 月 18 日，国家发展改革委、国家能源局印发《关于加快建设全国统一电力市场体系的指导意见》，提出到 2025 年，全国统一电力市场体系初步建成，有利于新能源、储能等发展的市场交易和价格机制初步形成。到 2030 年，全国统一电力市场体系基本建成，新能源全面参与市场交易，市场主体平等竞争、自主选择，电力资源在全国范围内得到进一步优化配置。严格落实支持新能源发展的法律法规和政策措施，完善适应高比例新能源的市场机制，有序推动新能源参与电力市场交易，以市场化收益吸引社会资本，促进新能源可持续投资。建立与新能源特性相适应的中长期电力交易机制，引导新能源签订较长期限的中长期合同。鼓励新能源报量报价参与现货市场，对报价未中标电量不纳入弃风弃光电量考核。在现货市场内推动调峰服务，新能源比例较高的地区可探索引入爬坡等新型辅助服务。创新体制机制，开展绿色电力交易试点，以市场化方式发现绿色电力的环境价值，体现绿色电力在交易组织、电网调度等方面的优先地位。引导有需求的用户直接购买绿色电力，推动电网企业优先执行绿色电力的直接交易结果。做好绿色电力交易与绿证交易、碳排放权交易的有效衔接。2022 年 9 月，国家发展改革委、国家能源局印发了《关于有序推进绿色电力交易有关事项的通知》，要求进一步体现绿色电力的环境价值，鼓励各类用户自愿消费绿色电力，要求中央企业和地方国有企业、高耗能企业、地方机关和事业单位承担绿色电力消费社会责任。2022 年 9 月，国家发展改革委、国家能源局印发了《关于推动电力交易机构开展绿色电力证书交易的通知》，在国家可再生能源信息管理中心组织绿证自愿认购的基础上，推动电力交易机构开展绿证交易，引导更多市场主体参与绿电绿证交易，促进可再生能源消费。2023 年 2 月，国家发展改革委、财政部、国家能源局印发《关于享受中央政府补贴的绿电项目参与绿电交易有关事项的通知》，稳妥推进享受国家可再生能源补贴的绿电项目参与绿电交易，更好实现绿色电力环境价值。2023 年 7 月，国家发展改革委、财政部、国家能源局印发《关于做好可再生能源绿色电力证书全覆盖工作促进可再生能源电力消费的通知》，明确绿证是我国可再生能源电量环境属性的唯一证明，是认定可再生能源电力生产、消费的唯一凭证，对已建档立卡的可再生能源发电项目所生产的全部电量核发绿证，实现绿证核发全覆盖。

2. 有序推动新能源参与市场交易

2021 年 4 月，国家发展改革委、国家能源局发布《关于进一步做好电力现货市场建设试点工作的通知》，明确了电力现货试点范围扩大，拟选择上海、江苏、安徽、辽宁、河南、湖北等 6 省市为第二批电力现货试点。鼓励新能源项目与电网企业、用户、售电公司通过签订长周期（如 20 年及以上）差价合约参与电力市场。引导新能源项目 10% 的预计当期电量通过市场化交易竞争上网，市场化交易部分可不计入全生命周期保障收购小时数。2022 年 2 月，国家发展改革委、国家能源局印发《关于加快推进电力现货市场建设工作的通知》，明确加快推动各类型具备条件的电源参与现货市场。引导储能、分布式能源、新能源汽车、虚拟电厂、能源综合体等新型市场主体，以及增量配电网、微电网内的市场主体参与现货市场，充分激发和释放用户侧灵活调节能力。统筹电力中长期交易与现货交易。推动中长期交易按照"顺价模式"形成价格。建立与新能源特性相适应的交易机制，满足新能源对合同电量、曲线的灵活调节需求，在保障新能源合理收益的前提下，鼓励新能源以差价合约形式参与现货市场。2021 年 11 月，《国家发展改革委办公厅　国家能源局综合司关于国家电网有限公司省间电力现货交易规则的复函》要求积极稳妥推进省间电力现货交易，及时总结经验，不断扩大市场交易范围，逐步引入受端地区大用户、售电公司等参与交易，优先鼓励有绿色电力需求的用户与新能源发电企业直接交易，同时要求加强省间电力现货交易实施的跟踪分析，切实防范市场风险，保障电力系统安全稳定运行。

2023 年 9 月，国家发展改革委、国家能源局发布《关于印发〈电力现货市场基本规则（试行）〉的通知》（发改能源规〔2023〕1217 号），指导各地因地制宜开展电力现货市场建设，优化电力现货市场推进程序，规范电力现货市场规则编制，从市场准入退出、交易品种、交易时序、交易执行结算、交易技术标准等方面一体化设计规则体系，积极推动电力市场间衔接，加快构建全国统一电力市场体系，促进资源在更大范围内优化配置。明确电力现货市场建设路径。明确近期重点推进省间、省（自治区、直辖市）/区域市场建设，以"统一市场、协同运行"起步，加强中长期、现货、辅助服务交易衔接，畅通批发、零售市场价格传导，推动新能源、新型主体、各类用户平等参与电力交易。中远期现货市场建设要适应新型电力系统运行要求，实现源网荷储各环节灵活互动、高效衔接，形成平等竞争、自主选择的市场环境，逐步推动省间、省（自治区、直辖市）/区域市场融合，推动全国统一电力市场体系全面建成。

2023 年 10 月，国家发展改革委、国家能源局发布《关于进一步加快电力现货市场建设工作的通知》（发改办体改〔2023〕813 号），明确现货市场建设要求，要求进一步扩大经营主体范围，统筹做好各类市场机制衔接，进一步扩大市场主体范围。加快放开各类电源参与电力现货市场。不断扩大用户侧主体参与市场范围。鼓励新型主体参与电力市场。做好现货与中长期交易衔接。研究对新能源占比较高的省份，适当放宽年度中长期合同签约比例。开展现货交易地区，中长期交易需连续运营，并实现执行日前七日（$D-7$ 日）至执行日前两日（$D-2$ 日）连续不间断交易。绿电交易纳入中长期交易范畴，交易合同电量部分按照市场规则，明确合同要素并按现货价格结算偏差电量。

二、东北地区能源主管部门发布的主要政策

新能源重新进入高速发展阶段，预计 2025 年东北地区新能源装机容量将超过 1.3 亿 kW。2021 年 3 月，黑龙江省政府印发《国民经济和社会发展第十四个五年规划和二〇三五年远景目标纲要》，到 2025 年风电装机容量达到 1700 万 kW、光伏装机容量达到 900 万 kW。2022 年 3 月，内蒙古发展改革委印发《内蒙古自治区"十四五"可再生能源发展规划》，蒙东地区到 2025 年风电装机容量达到 2950 万 kW、光伏装机容量达到 800 万 kW。2022 年 7 月，辽宁省发展改革委印发《辽宁省"十四五"能源发展规划》，到 2025 年风电装机容量达到 2700 万 kW、光伏装机容量达到 1000 万 kW。2022 年 11 月，吉林省发展改革委印发《吉林省新能源和可再生能源发展"十四五"规划》，到 2025 年风电装机容量达到 2200 万 kW、光伏装机容量达到 800 万 kW。

发布新版"两个细则"，加强并网运行和辅助服务管理，深化电力辅助服务

市场机制建设，提升电力系统清洁能源消纳能力，保障电力安全可靠供应。东北能源监管局印发《东北区域电力运行管理实施细则》《东北区域电力辅助服务管理实施细则》，适用主体范围从发电厂扩展为发电侧并网主体、新型储能、可调节负荷等，引导储能、工商业负荷、虚拟电厂等参与系统调节，推动电力系统由"源随荷动"向"源网荷储互动"升级。通过引入动态调整系数调整考核方式、细化考核标准等方法，强化机组非计划停运、新能源功率预测以及 AGC、一次调频等技术考核，应对新能源大比例接入、电力保供压力加大等突出问题，提升系统抗风险能力。根据新型电力系统的运行特点，进一步挖掘辅助服务功能深度，新增有偿调峰、无功调节、黑启动、有偿一次调频及虚拟惯量响应、爬坡等辅助服务新品种。按照"谁提供、谁获利；谁受益、谁承担"的原则，明确各辅助服务品种补偿在提供和受益主体间平衡，引导用户侧合理分摊辅助服务费用，共同承担系统调节成本。

加快推进新能源产业发展，多措并举促进新能源高质量发展，提升新能源消纳水平。2023 年 12 月，内蒙古自治区人民政府办公厅印发《关于促进新能源消纳若干举措的通知》（内政办发〔2023〕81 号），从稳步提升自用新能源消纳水平、有效扩大新能源外送规模、提升电力系统调节能力、完善新能源价格和市场交易政策等方面提出促进新能源消纳的若干举措。2024 年 1 月，吉林省人民政府办公厅印发《关于促进吉林省新能源产业加快发展若干措施的通知》（吉政办发〔2024〕1 号），从加快绿能产业园区创建、完善项目建设政策支持、加大项目建设要素保障、强化"绿电+消纳"项目电网支撑、加快"绿电+"新型产业培育等方面提出加快推进新能源产业发展的各项举措，多策并施培育高质量发展增长极。

第二节　新能源行业发展概况

该阶段我国新能源行业持续保持快速发展，保持全球领先地位。在风电方面，我国多次在风电机组技术创新领域取得新的突破。其中，海上风机最大功率达到 16MW，陆上风机叶轮直径首次突破 200m 大关，轮毂高度达到 170m；同时，风电度电成本持续降低，陆上风电度电成本为 0.200～0.381 元/kWh，海上风电度电成本为 0.406～0.761 元/kWh。在太阳能方面，虽受到疫情影响，但是产业规模仍保持强势增长。其中，光伏产品出口总额约 284.3 亿美元，同比增长 43.9%，PERC 电池技术已经非常成熟，市场占有率进一步提升至 91.2%；同时，我国光伏的平准化度电成本仍保持平稳下降趋势，我国光伏地面电站度电成本为 0.194～0.381 元/kWh。

一、风电行业发展概况

（一）技术水平

2021年至今，我国在风电机组技术创新方面取得了新的突破，多次打破风机领域全球纪录。在风电机组单机容量方面，2021年陆上风机单机容量发展至7MW级别。我国首台7MW国产化海上风机在江苏启东海上风电项目成功吊装，标志着我国已全面掌握大容量海上风电机组关键部件研发与制造的核心技术，极大提升了我国海上风电全产业链自主、安全、可控能力。2021年海上风机最大功率机型发展至16MW级别。明阳智能推出MySE16.0-242海上风电机组，该风电机组单机容量达16MW，超过维斯塔斯V236-15.0MW、西门子歌美飒14MW-222DD、GE Haliade X 14MW-220三款机型，一举成为单机容量中国最大、全球最大的海上风电机组。2023年金风科技GWH252-16MW海上风电机组在福建平潭三峡海上风电场成功完成吊装，刷新已吊装机组的最大单机容量、最大叶轮直径、最轻单位兆瓦重量三项全球纪录。在风机叶轮直径方面，2021年陆上风机直径最大已达202m。三一重能的SI-202/6.7MW机型最大叶轮直径达到了202m，陆上风机叶轮直径首次突破200m大关，成为目前全球叶轮直径最大的陆上风电机组。海上风机叶轮直径最大已达256m。中国海装推出了16MW海上新机型——H256-16MW，叶轮直径达到256m。在风电机组轮毂高度方面，2021年国家电投河南风电项目一台采用"自升式"混塔设计的风电机组问世，该风电机组轮毂高度达到170m，可支撑转子直径为155m的3.6MW风机运行，标志着中国陆上风电机组高度再创新高。在低风速风机方面，2023年金风科技GWH204-6.X机型首台样机在甘肃成功吊装，刷新全球陆上低风速区域已吊装机组最大叶轮直径纪录，叶轮直径达204m，叶轮扫风面积32047m²，发电能力升级的同时，单机容量最高可拓展至7MW级别，进一步降低了项目度电成本。

（二）发电经济性

1. 初始投资成本

2021年，我国陆上风电初始投资成本为5000～6500元/kW，较2020年大幅下降。其中，风电机组成本（含塔筒）占比最大，为49%，建安工程费占比26%，接网成本占比14%，其他费用占比11%。陆上风电初始投资构成如图4-1所示。

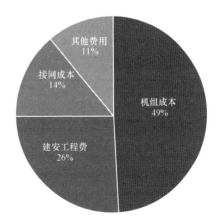

图4-1　陆上风电初始投资成本的构成

自 2021 年年初国内陆上风电的风机（不含塔筒）月度投标价格由 2800 元/kW 左右快速下降，到 2021 年年底降至 1800 元/kW 左右，降幅达到 36%。风机价格快速下降的主要原因：①钢材等大宗原材料价格下降，低于历史同期最低水平。②新招标的风机单机容量在 6MW 以上，直接降低了总单位功率造价水平。③受强制配置储能影响，开发成本向风机传导，压缩风机利润。

2021 年，我国海上风电初始投资成本为 10500～16800 元/kW，延续下降态势。海上风电投资主要包括机组成本、建安工程费、送出工程和其他费用，其中风电机组（含塔筒）占总投资 43%，建安工程费、送出工程和其他费用占比分别约 26%、21% 和 10%。

2021 年，我国海上风电机组价格为 4000～5500 元/kW。受益于产业链协同及成本优势，以及大容量机组设备的研发投运，我国海上风电机组（含塔筒）价格快速下降。

2. 度电成本

2021 我国陆上风电 LCOE 为 0.031～0.059 美元/kWh，平均为 0.045 美元/kWh，折合人民币 0.200～0.381 元/kWh，平均为 0.290 元/kWh。

2021 我国海上风电 LCOE 为 0.063～0.118 美元/kWh，平均为 0.082 美元/kW·h，折合人民币 0.406～0.761 元/kWh，平均为 0.529 元/kWh。

二、太阳能发电行业发展概况

（一）技术水平

1. 行业情况

在全球新冠病毒感染疫情大流行的巨大冲击下，中国光伏产业仍保持增长势头。2021 年，全国光伏新增装机容量 5488 万 kW，在当时为历年以来年投产最多。全国光伏产业链供应链总体保持安全稳定，全年多晶硅、硅片、电池、组件产量分别达到 50.5 万 t、227GW、198GW、182GW，分别同比增长 27.5%、40.6%、46.9%、46.1%。此外，光伏产品出口总额约 284.3 亿美元，同比增长 43.9%。2022 年，我国光伏新增装机容量、分布式装机容量、户用装机容量在总装机容量中的占比均创历史新高。我国光伏新增装机容量 87.41GW，同比增长 9.3%，其中，分布式装机容量约 51.1GW，占全部新增装机的 60%。此外，我国光伏产品出口总额约 512.5 亿美元，同比增长 80.3%。在全球能源转型绿色低碳转型大势所趋，海外光伏市场需求不断增长的大背景下，组件出口额 423.6 亿美元，同比增长 72.1%，出口量约 153.6GW，同比增长 55.9%。组件出口额和出口量均创历史新高。

在该阶段，我国光伏行业发展取得巨大成绩，但是其在建设领域面临的问题也很严峻。以强制配储强制产业配套、土地租金高昂、外送线路电网回购进度滞后等为代表的新老问题并未得到有效解决。同时，部分省份峰谷时段价格调整、农林河湖等光伏建设用地政策的收紧也给分布式与地面电站的建设带来新的风险。

2. 组件情况

2021—2022年，国内太阳能电池技术在量产转化率方面有所发展，其中PERC电池产业化转化率提升至23.3%。此外，异质结电池量产效率也有所提升，达到24.85%。在晶硅电池技术方面，PERC电池技术已经非常成熟，市场占有率进一步提升至91.2%。同时，PERC电池产业转化效率达到23.3%，主流企业的PERC电池良品率也达到了98.5%以上。在薄膜电池技术方面，TOPcon电池发展迅速，新建产线不断增加，有爆发趋势。目前TOPcon电池量产的平均转化率已经达到24%，其产业化正在逐步成熟。在新型太阳能电池发电技术方面，钙钛矿电池研究有突破性进展。中科院宁波材料所于2021年公布该所研发的钙钛矿电池转化率达到了28.2%，是目前国内报道的该类电池效率的最高值，仅次于德国海姆霍兹柏林研究中心报道的29.8%和牛津光伏报道的29.52%，居世界领先地位。

（二）发电经济性

1. 初始投资成本

2021年我国光伏电站的初始投资成本约为4.15元/W，较2020年明显上升。推动光伏电站初始投资成本上升的主要原因是光伏组件成本的升高。此外，2021年光伏发电初始投资成本可分为光伏组件成本、建安工程成本、接网成本、其他成本。其中，光伏组件成本占比最大，为46%；其次是建安工程成本，占比约为22%；电网接入成本占比为15%，其他成本占比约为17%。

2. 度电成本

2021年，我国光伏地面电站LCOE为0.030～0.059美元/kWh，平均为0.041美元/kWh，折合人民币0.194～0.381元/kWh，平均为0.264元/kWh。受硅料成本和大宗商品价格上涨、光伏装机容量快速增长等多重因素影响，2021年我国光伏地面电站平均LCOE较2020年同比上涨26%。

第三节　东北地区新能源发展及消纳概况

2021年以来，我国东北地区新能源保持快速增长态势。2023年，东北电网发电总装机容量20945万kW，同比增长11%。其中，风电、太阳能装机容量分别为5825万、2461万kW，占总装机容量的28%、12%。东北电网年发电量6294亿kWh，同比上升8.1%。其中，风电、太阳能发电量同比分别增加24.3%、20.9%。东北电网年用电量5564亿kWh，同比上升5.3%。其中，辽宁省用电量为东北地区最高,达到 2663 亿 kWh。

一、装机容量及发电量概况

1. 装机容量

截至 2023 年年底,东北电网发电总装机容量 20945 万 kW,同比增长 11%。其中,水电、火电、核电、风电、太阳能装机容量占比分别为 6%、51%、3%、28%、12%。东北电网电源结构如图 4-2 所示。

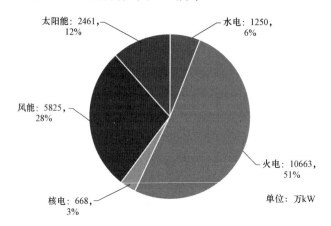

图 4-2　东北电网电源结构

2021—2023 年,东北电网总装机容量年均增长 9.0%。其中,火电年均增长 2.2%,水电年均增长 9.5%,风电年均增长 19.4%,太阳能年均增长 21.5%,核电年均增长 14.8%。2021—2023 年东北电网装机容量变化如图 4-3 所示,装机结构变化如图 4-4 所示,各类电源装机容量增速如图 4-5 所示。

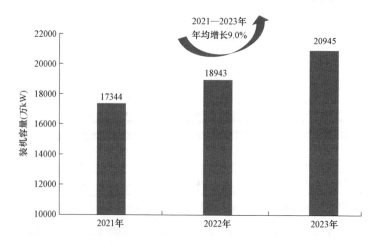

图 4-3　2021—2023 年东北电网装机容量变化图

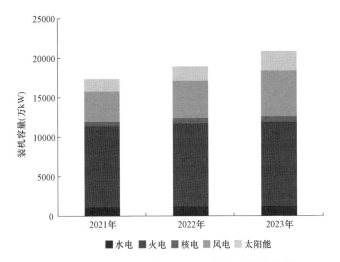

图 4-4 2021—2023 年东北电网装机结构变化图

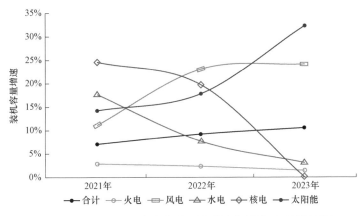

图 4-5 2021—2023 年东北电网各类电源装机容量增速图

2021—2023 年，辽宁电网总装机容量年均增长 7.9%。其中，火电年均增长 1.9%，风电年均增长 13.5%，核电年均增长 14.8%，太阳能年均增长 34.9%。2021—2023 年辽宁电网装机容量变化如图 4-6 所示，各类电源装机容量增速如图 4-7 所示。

2021—2023 年，吉林电网总装机容量年均增长 9.3%。其中，火电年均增长 0.7%，水电年均增长 8.7%，风电年均增长 32.7%，太阳能年均增长 11.0%。2021—2023 年吉林电网装机容量变化如图 4-8 所示，各类电源装机容量增速如图 4-9 所示。

2021—2023 年，黑龙江电网总装机容量年均增长 8.3%。其中，火电年均增长 1.8%，水电年均增长 31%，风电年均增长 18.1%，太阳能年均增长 21.4%。2021—2023 年黑龙江电网装机容量变化如图 4-10 所示，各类电源装机容量增速如图 4-11 所示。

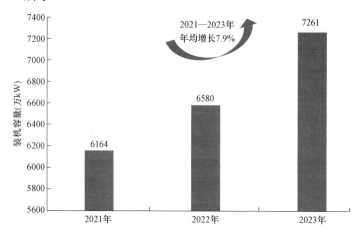

图 4-6 2021—2023 年辽宁电网装机容量变化图

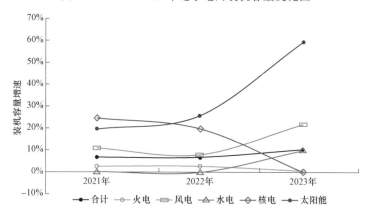

图 4-7 2021—2023 年辽宁电网各类电源装机容量增速图

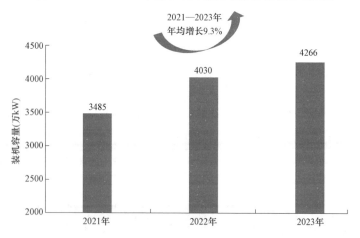

图 4-8 2021—2023 年吉林电网装机容量变化图

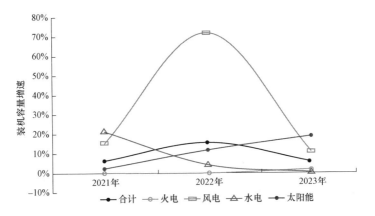

图 4-9 2021—2023 年吉林电网各类电源装机容量增速图

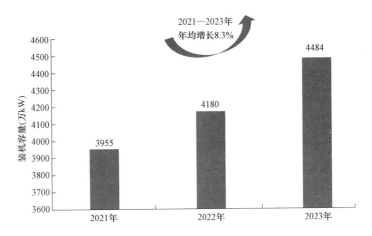

图 4-10 2021—2023 年黑龙江电网装机容量变化图

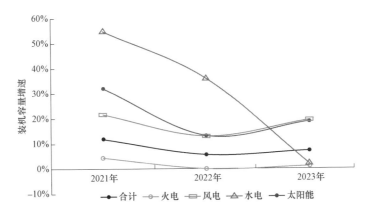

图 4-11 2021—2023 年黑龙江电网各类电源装机容量增速图

2021—2023 年，蒙东电网总装机容量年均增长 12.7%。其中，火电年均增长 7.4%，风电年均增长 19.9%，水电年均增长 0.3%，太阳能年均增长 13.9%。2021—2023 年蒙东电网装机容量变化如图 4-12 所示，各类电源装机容量增速如图 4-13 所示。

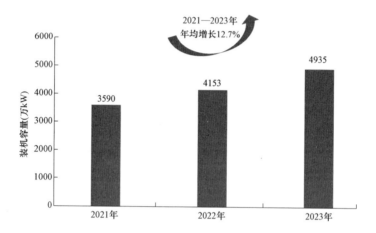

图 4-12　2021—2023 年蒙东电网装机容量变化图

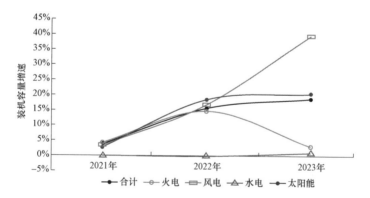

图 4-13　2021—2023 年蒙东电网各类电源装机容量增速图

2. 发电量

截至 2023 年年底，东北电网年发电量 6249 亿 kWh，同比上升 7.7%。其中，水电发电量同比下降 14.3%，火电、风电、太阳能、核电发电量同比分别增加 3.9%、19.6%、17.3%、9.8%。东北电网分类型发电量占比如图 4-14 所示。

2021—2023 年，东北电网发电量年均增长 4.9%。其中，火电年均增长下降 0.4%，水电年均增长 4.1%，风电年均增长 20.7%，核电发电量年均增长 15.4%，太阳能发电量年均增长 19.5%。2021—2023 年东北电网发电量变化如图 4-15

所示，各类电源发电量增速如图 4-16 所示。

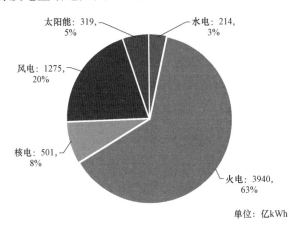

图 4-14　东北电网分类型发电量占比

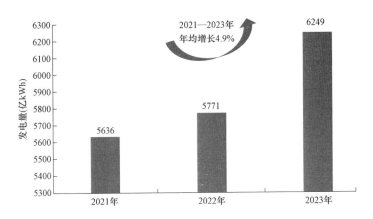

图 4-15　2021—2023 年东北电网发电量变化图

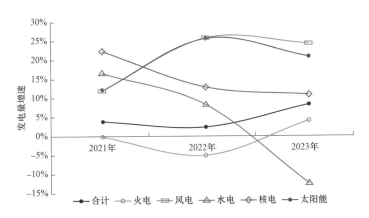

图 4-16　2021—2023 年东北电网各类电源发电量增速图

2021—2023 年，辽宁电网发电量年均增长 3.5%。其中，火电年均增长下降 3.9%，水电年均增长 7.4%，风电年均增长 19.8%，核电发电量年均增长 15.4%，太阳能发电量年均增长 30.6%。2021—2023 年辽宁电网发电量变化如图 4-17 所示，各类电源发电量增速如图 4-18 所示。

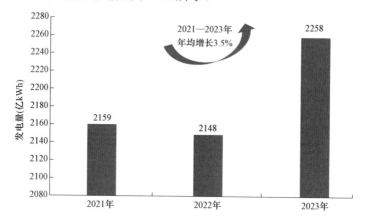

图 4-17　2021—2023 年辽宁电网发电量变化图

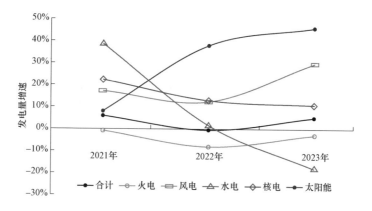

图 4-18　2021—2023 年辽宁电网各类电源发电量增速图

2021—2023 年，吉林电网发电量年均增长 4.2%。其中，火电年均增长下降 2.0%，水电年均增长 2.6%，风电年均增长 30.7%，太阳能发电量年均增长 11.3%。2021—2023 年吉林电网发电量变化如图 4-19 所示，各类电源发电量增速如图 4-20 所示。

2021—2023 年，黑龙江电网发电量年均增长 5.3%。其中，火电年均增长 1.8%，水电年均增长 11.9%，风电年均增长 17.0%，太阳能发电量年均增长 68.9%。2021—2023 年黑龙江电网发电量变化如图 4-21 所示，各类电源发电量增速如图 4-22 所示。

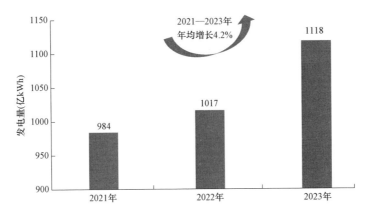

图 4-19　2021—2023 年吉林电网发电量变化图

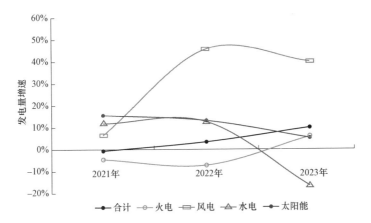

图 4-20　2021—2023 年吉林电网各类电源发电量增速图

图 4-21　2021—2023 年黑龙江电网发电量变化图

2021—2023 年，蒙东电网发电量年均增长 9.1%。其中，水电年均增长下降 12.5%，火电年均增长 7.5%，风电年均增长 14.4%，太阳能发电量年均增长

12.3%。2021—2023 年蒙东电网发电量变化如图 4-23 所示，各类电源发电量增速如图 4-24 所示。

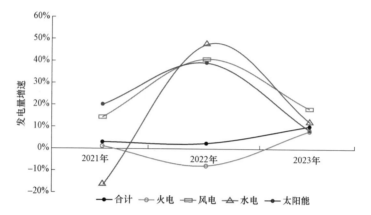

图 4-22 2021—2023 年黑龙江电网各类电源发电量增速图

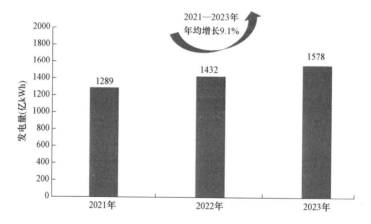

图 4-23 2021—2023 年蒙东电网发电量变化图

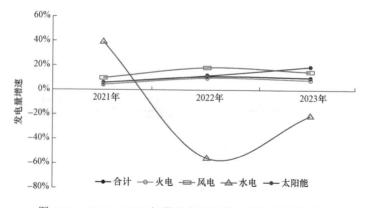

图 4-24 2021—2023 年蒙东电网各类电源发电量增速图

二、用电量增长概况

1. 用电量情况

2023年，东北电网年用电量5564亿kWh，同比上升5.0%。其中，辽宁、吉林、黑龙江、蒙东用电量分别为2663亿、928亿、1184亿、774亿kWh，同比增长4.2%、8.2%、3.8%、7.7%。东北电网用电量分布如图4-25所示。

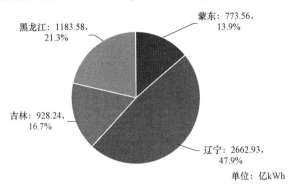

图4-25 东北电网用电量分布

2. 逐年变化情况

用电保持持续增长。2021—2023年，东北地区用电量年均增长4.5%，用电量增速在2022年有所下降，在2023年上升到5.3%。2021—2023年东北电网用电量变化曲线如图4-26所示。

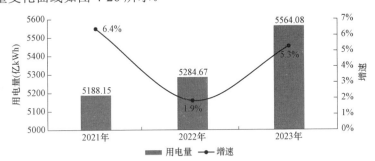

图4-26 2021—2023年东北电网用电量变化曲线

三、新能源消纳概况

1. 风电发展消纳情况

截至2023年年底，风电装机容量达5825万kW，其中，辽宁、吉林、黑龙江、蒙东风电装机容量分别为1429万、1268万、1127万、2002万kW。风电发电量达1275亿kWh，较2021年增长12%。东北电网及各省区风电装机容量和增速如图 4-27 所示，东北电网风电发电量和增速如图 4-28 所示。

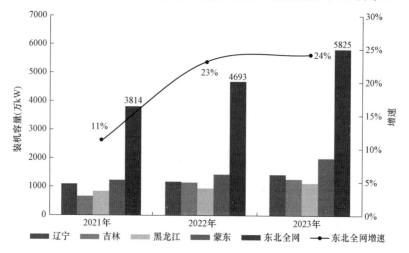

图 4-27　东北电网及各省区风电装机容量和增速

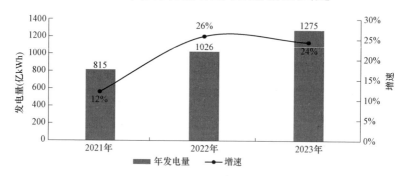

图 4-28　东北电网风电发电量和增速

东北风电利用小时数由 2021 年的 2315h 上升到 2023 年的 2488h，累计上升 173h。其中，辽宁、吉林、黑龙江、蒙东风电利用小时数分别较 2021 年上升 223、68、352、102h。东北电网 2021—2023 年风电利用小时数如图 4-29 所示，东北各省区 2021—2023 年风电利用小时数如图 4-30 所示。

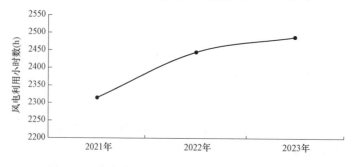

图 4-29　东北电网 2021—2023 年风电利用小时数

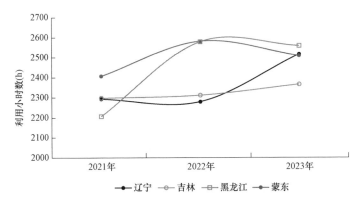

图 4-30 东北各省区 2021—2023 年风电利用小时数

2023 年，东北地区弃风电量 35.68 亿 kWh，同比提高 17.4%；风电利用率 97.28%，同比提高 0.1 个百分点。2021—2023 年东北弃风电量和利用率情况如图 4-31 所示。

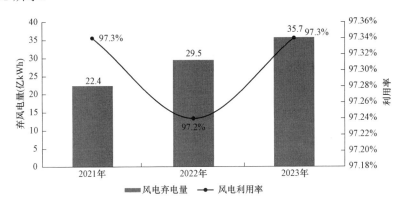

图 4-31 2021—2023 年东北弃风电量和利用率情况

2. 光伏发展消纳情况

截至 2023 年年底，光伏装机容量达 2461 万 kW，其中，辽宁、吉林、黑龙江、蒙东风电装机容量分别为 958 万、460 万、565 万、479 万 kW。光伏发电量达 319 亿 kWh，较 2021 年增长 9%。东北电网及各省区光伏装机容量和增速如图 4-32 所示，东北电网光伏发电量及增速如图 4-33 所示。

东北地区光伏利用小时数由 2021 年的 1474h 上升到 2023 年的 1496h，累计上升 22h。其中，辽宁、黑龙江、蒙东风电利用小时数分别较 2021 年上升 107、14、15h，吉林风电利用小时数较 2021 年下降 36h。东北电网近年来光伏利用小时数如图 4-34 所示，东北各省区近年来光伏利用小时数如图 4-35 所示。

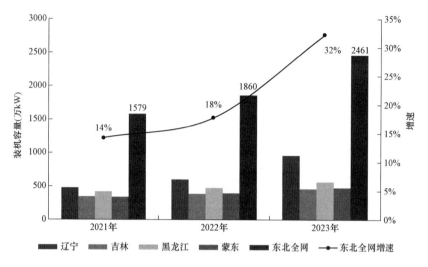

图 4-32 东北电网及各省区光伏装机容量和增速

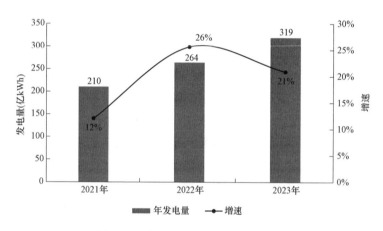

图 4-33 东北电网光伏发电量及增速

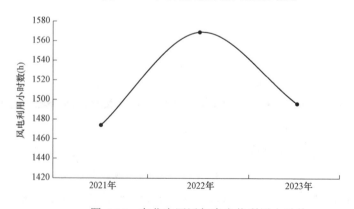

图 4-34 东北电网近年来光伏利用小时数

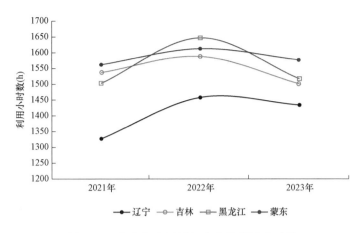

图 4-35 东北各省区近年来光伏利用小时数

2023 年，东北地区弃光电量 4.32 亿 kWh，同比提高 25.58%；光伏利用率 98.66%，同比降低 0.1 个百分点。2021—2023 年东北地区光伏弃电量和利用率情况如图 4-36 所示。

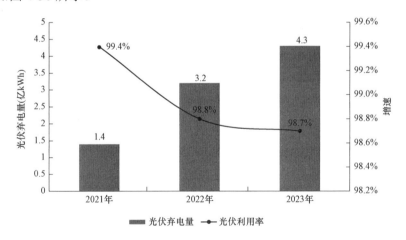

图 4-36 2021—2023 年东北地区光优弃电量和利用率情况

第四节 东北地区新能源阶段发展存在的问题

（1）新能源快速发展，电网"两高两低"特征显现，导致系统稳定性降低。随着新能源的迅猛发展，电网呈现出"两高两低"的特点，即新能源接入比例高、电力电子装备比例高，系统惯量低、设备抗扰性能低。新能源发电系统通过电力电子装置并网，对电网动态事件表现出无惯性或弱惯性的消极外特性，其大规模接入电网、替代传统同步发电机，使系统惯量整体下降。另外，为了获得最大的发电功率，并网新能源机组一般运行在最大功率跟踪模式，传统控制模式下不响应电网的有功功率变化，不具备频率调节能力。

（2）传统电网向能源互联网升级，电网调度生产组织模式面临重大调整，电网安全运行压力较大。随着高比例新能源和多元负荷接入，传统电网由单向逐级输电向包括交直流混连大电网、微电网、局部直流电网和可调节负荷的能源互联网升级，电网规模不断扩大、耦合日趋紧密，电网运行控制的复杂程度和各级调度统筹协调难度加大，对电网生产组织模式提出新的要求。

（3）新能源大规模发展，对电力系统技术发展提出更高要求。随着新能源装机规模的迅速发展，宽频震荡等问题日益明显，传统消纳技术不能满足新能源大规模发展的需求，需要对新能源场站建模和配套调相机等先进技术进行深入研究。新能源功率预测结果仍然存在极端偏差过大、预测周期有限等问题，随着装机容量迅猛增加，预测偏差绝对值日益增大，系统调节能力的增加远远不能满足调节需求的增加，维持现有消纳水平难度极大。由于新能源随机性、波动性较大，随着占比逐渐提高，系统稳定性也受到较大影响，为了保障系统安全稳定运行，对其他电源的性能，如火电的爬坡性能，提出了更高的要求。

（4）新能源管理有待进一步完善。调度管理亟待进一步完善。高比例清洁能源电力系统安全和消纳管理将长期处于紧绷的弱平衡状态，需要在安全、清洁、经济中找到最佳平衡点，支撑清洁转型顺利发展。可再生能源保障收购和市场化难以协调，保障收购制度在高占比情况下执行难度大。部分地县调难以有效应对未来日益繁重的新能源、分布式相关配套工作。储能管理制度还不完善。储能是提高电力系统调节能力、提升新能源消纳和存储能力的重要举措，是构建以新能源为主体的新型电力系统的重要支撑。随着新能源占比逐渐提升，配套的储能也在迅猛发展，但是目前储能相关管理制度仍然不完善，缺乏制定科学、系统的管理规范。系统灵活性资源不足。新能源大规模发展后，未来我国新型电力系统灵活性困境将进一步加剧，虽然电力系统灵活性得到了一定重视，但灵活性资源的开发利用进度远不及预期，需要进一步深挖系统灵活性资源，提高系统稳定性。

（5）电网外送能力亟待提高。新能源持续大规模发展，新能源跨省消纳需求增长迅速，电网外送通道建设面临较大压力。在未来一段时间，新能源仍将保持高速发展态势，这对东北地区各省电网外送能力形成巨大挑战，东北地区电力外送能力有待提升，以保障新能源有足够的消纳空间，促进新能源健康稳定发展。

第五节　东北地区新能源发展重大事件

2021 年，东北电网率先开展新能源一次调频和惯量响应系统级试验，验证了示范风电场改造后一次调频和惯量在系统频率扰动时的响应特性。

2021 年，东北电网开展东北电网宽频振荡监测工作，安装了宽频振荡监测与监控系统站点 74 个，及时将宽频振荡风险控制在最小范围内。

2021 年，东北电网建立全网风电功率预测 100% 可信度模型，提升新能源功率预测精度。

2021 年，开展新能源场站参数实测建模与配套调相机研究工作。

2021 年，在全国首次绿电交易中，辽宁达成交易电量 27.83 亿 kWh，占全国总量的 35%，居全国首位；2021 年，东北地区首座用于新能源送出的 500kV 永安变电站建成投运，打通了辽北风光资源富集地区至辽中负荷中心的绿色能源"高速路"。

2022 年，国家级示范项目大连恒流储能电站一期工程并网发电，标志着全球最大的全钒液流储能电站成功并入辽宁电网。

第二篇

在新能源发展过程中，典型经验的积累对于推动新能源的发展和创新至关重要。近年来，东北地区新能源发展迅猛，能源转型成效显著，但是在新能源高速发展过程中不断面临消纳新问题。为此，过去十几年间，东北电网在新能源发展和消纳协同发展方面出台了大量的政策措施，在推进新能源快速发展的同时，有效提升了新能源消纳空间，促进了新能源发展。通过对东北地区过去实践和经验的梳理和总结，可以得到新能源消纳宝贵典型经验，为未来新能源发展新问题的解决提供借鉴思路，助力新型电力系统建设，推进新能源高质量发展，更好地落实我国"双碳"目标。

本篇聚焦近十几年来东北地区新能源发展和消纳协同发展的实践和经验，从技术提升、运行管理、市场机制三个方面进行了详细的分析和总结：一是在技术提升方面，持续提升新能源发电功率预测水平；二是推动新能源涉网性能提升，大力提升新能源主动支撑能力；三是部署安全稳定控制装置，提高系统稳定性；四是开发新能源场站有功控制系统，助力新能源规模化发展。在运行管理方面，推动友好型新能源场站建设，实现"源网"友好互动；加强风电并网及调度运行管理，优化运行策略，积极推进火电灵活性改造。在市场机制方面，创新性提出建立辅助市场服务，调动发电企业提供辅助服务的积极性；积极推进新能源跨区交易，创新提出"动态比例设置、灵活电价搭配"的新能源跨区外送交易策略；积极开展东北电网新能源市场化交易，并在全国首次开展风火替代交易，开拓风电消纳新途径。

第五章　东北地区实现新能源发展消纳协同的实践与经验

第一节　技　术　提　升

一、持续提升新能源发电功率预测水平

新能源功率预测是新能源发电参与电力生产运行的基础。

东北电网为有效提升场站侧新能源预测准确率，发挥新能源预测对电力保供、新能源消纳和电力现货市场的支撑能力，2021 年以来，组织"三省一区"调度编制新能源预测准确率提升工作方案。从新能源功率预测的三大核心问题着手，即数值天气预报时效性管理、预测模型滚动更新、场站可用机组管理，开展预测精度专项提升工作，进一步强化网调对省调的考核监督，以及省调对新能源场站功率预测精度逐月考核、排名、整改工作，提高新能源场站对功率预测厂家的标准要求。2022 年风电预测精度同比提升 5 个百分点，光伏预测精度同比提升 7 个百分点。

国网辽宁电力于 2021 年构建"三源双模型"新能源预测体系，依托三套数值天气预报，实现了辽宁省范围内空间网格 3km×3km、时长 10 天的预测能力，采取省调侧及场站侧双模预测方式，持续提升新能源预测精度及预测时长，风电、光伏预测准确率分别提升至 92%、95%，全力支撑新能源优先调度及发供电平衡、检修方式安排、市场化交易等调度运行工作。

国网吉林电力为服务新能源产业发展，2008 年上线国内首套省级风电功率预测系统；2017 年上线集中式光伏功率预测系统；2018 年上线省地一体化的分布式光伏网格化预测系统，全力保障新能源发电利用率。2023 年 2 月，为应对低温寒潮天气风电功率预测难题，国网吉林电力开展研究在低温寒潮天气过程中升级风力发电能力预测预警技术，这项技术实现了寒潮天气下的风电出力预测修正，极端偏差改善效果显著。2023 年 6 月，国网吉林电力推进吉林电力气象展示与综合分析平台部署应用，研发气象—功率联合可视化系统，实现同类资源风光场站的聚类分析与发电能力对比挖掘，提升功率预测精度和灾害预警能力。

国网蒙东电力通过加强实际并网容量管理、引入更多天气预报源、提高预

测模型更新频次、提升气象监测数值准确度，持续提升新能源功率预测准确率。根据预测结果，蒙东在大风期开展赤峰地区 220kV 风电总出力断面短周期校核工作，2022 年累计增发新能源电量约 6039 万 kWh。

二、推动新能源涉网性能提升

2010 年东北电网有超过 1000 万 kW 的风电在运行，风电占全网运行容量的 25% 以上，成为东北电网第二大电源。当时风电机组本身因无低电压穿越能力，频率保护尚无统一规范的整定原则和运行标准，风电机组常常因系统低频或低压而跳闸，为保障电网安全，东北电网于 2010 年开始开展风电机组低电压穿越改造工作。

2016 年开展新能源次同步谐波监测工作。东北电网因新能源高比例接入、电源外送基地、直流换流站近区网架结构相对薄弱、新能源电力电子设备的不良交互作用，导致次/超同步振荡问题趋于复杂化，威胁火电机组和电网安全。因此，东北电电网于 2016 年开展新能源次同步谐波监测工作。

2017 年东北电网开始开展新能源高电压耐压能力改造。由于鲁固直流及其配套交流工程陆续投运，如果鲁固直流发生换相失败、闭锁等故障，近区系统的暂态过电压可能导致设备损坏，引发新能源场站因过电压保护动作无序脱网。受当时的新能源耐压能力 1.1p.u.制约，鲁固直流输送能力与扎鲁特换流站近区新能源出力之间呈现"跷跷板"关系，无法充分发挥其跨区资源优化配置能力。为消除鲁固直流输送能力和换流站近区新能源间的耦合关系，东北网调组织"三省一区"调度，对蒙东兴安、通辽，吉林西部，黑龙江西部，辽宁阜新地区共 133 座新能源场站、1604 万 kW 新能源机组开展了 1.3p.u.耐压能力改造。改造完成后，鲁固直流输电能力提升至 650 万 kW（提高 300 万 kW），换流站近区新能源出力不再受限。

2020 年，按照新版《电力系统安全稳定导则》要求，东北电网统一整定新能源频率保护定值。高频定值不高于 51.3Hz，低频定值不低于 48Hz，实现与火电机组超速保护协调配合，消除了鲁固直流大功率运行时发生双极闭锁等故障，系统频率快速攀升导致的新能源无序脱网风险。

2021 年东北电网在国内率先开展新能源一次调频和惯量响应系统级试验。为验证示范风电场改造后一次调频和惯量在系统频率扰动时的响应特性（2019年开始建设）。东北电网于 2021 年 3 月 26 日组织开展大电网系统级扰动试验，测试示范场站的惯量响应及一次调频动作特性，用于指导东北电网新能源参与一次调频和惯量响应的参数设置。

2022 年东北电网加强新能源场站一次调频管理工作，要求新并网新能源场站均需具备一次调频功能。依据 GB/T 19963.1—2021《风电场接入电力系统技术规定　第 1 部分　陆上风电》，新并网新能源场站均要求具备一次调频功能，并要求通过试验检测。

三、部署安全稳定控制装置

为解决东北地区新能源受限问题，充分挖掘现有网架输电潜力，东北电网在八大新能源集中地区，部署了多套安全稳定控制系统，最大限度缓解地区整体外送能力和局部网架强度不足问题，实现了风、火资源联合优化调度与控制，共释放新能源送出能力 1520 万 kW。

1. 辽宁地区

2010 年，为解决阜新地区新建联合风电场、彰北风电场因相关设备跳闸、高武二线过负荷造成的送出受限问题，在阜新彰武变电站、沈阳平安变电站以及联合风电场、彰北风电场部署了彰武地区安全稳控装置，释放新能源送出能力 45 万 kW。

2010 年，为解决沈阳地区新建龙康风电场及调兵山电厂因相关设备跳闸、高法线或调法 1 号线过负荷造成的送出受限问题，在铁岭调兵山变电站、沈阳法库变电站以及龙康风电场、调兵山电厂、铁岭电厂部署了调兵山法库地区安全稳控装置，释放新能源送出能力 60 万 kW。随着该地区新能源不断发展和网架变化，调兵山法库地区安全稳控装置滚动开展相关升级，并于 2018 年进行了整体升级改造，增加了沈阳瓷都变电站、新城子变电站两个主站，三台子光伏电站、朝阳堡风电场、花古水库光伏电站、大青水库光伏电站、华宇三鑫光伏电站、小城子风电场等执行站，监视高瓷线，瓷法 1、2 号线，调业线，调华甲、乙线，调法 1、2 号线，蒲法 1、2 号线，铁新 1、2 号线，新蒲 1、2 号线等线路的过负荷情况，释放新能源送出能力 80 万 kW。

2011 年，为解决阜新地区新建新能源送出受限问题，在原阜新三期微机稳定控制装置（阜新水泉变电站、东梁变电站、阜新电厂、阜新金山电厂）的基础上进行升级改造，增加阜新松涛变电站、锦州黑山变电站装置，建成阜新地区安全稳控装置，在相关线路过负荷的情况下联切松涛变电站、黑山变电站接入的 220、66kV 风电场。随着地区新能源的发展，2016 年，阜新地区安全稳控装置再次进行升级改造，增加阜新风电场、阜西风电场执行站；2017 年，增加太平沟风电场、王四营子风电场、驿马池风电场执行站，释放新能源送出能力 50 万 kW。2020 年，随着 500kV 阜新变电站投运及新能源的持续发展，阜新地区安全稳控装置第三次进行升级改造，增加阜新变电站、吕家变电站主站，扎兰山风电场、大林台风电场、彰北风电场、石金皋风电场、龙阜风电场、鼎利达尔光伏、阜北风电场、宝营风电场、关键光伏、艾友光伏等执行站，阜新地区安全稳控装置也根据网架变化分为南片和北片，释放新能源送出能力超过150万kW。

2018年，为解决朝阳北票地区新能源外送受限问题，在朝阳北票变电站、存珠风电场、京能北票光伏、协鑫上园光伏部署安全稳控系统，释放新能源送出能力超过15万kW。2020年，随着地区新能源的不断发展，稳控系统升级改造为朝阳地区安全稳控装置，新增朝阳柳城变电站、喀左变电站主站，马友营风电场、中电朝阳光伏电站执行站，增加监视左昌线、柳何线等线路，释放新能源送出能力超过50万kW。2022年，朝阳地区安全稳控装置再次升级改造，增加慕容变电站、奎德素变电站、建平变电站主站，龙头风电场、万家风电场、新富风电场、通威光伏电站等执行站，增加监视慕容变电站、奎德素变电站、建平变电站出线功能，释放新能源送出能力超过100万kW。

2019年，为解决丹东新农光伏、大连庄河海上风电场送出受限问题，在大连黄海变电站、花园口变电站、丹东宫屯变电站、新农光伏、海上风电黑岛变电站部署了宫屯黄海安全稳控系统，监视黄海变电站、花园口变电站、宫屯变电站出线，释放新能源送出能力超过50万kW。

2021年，为解决铁岭地区新能源外送受限问题，在铁岭郭家变电站、昌图变电站、三江口风电场、曲家风电场、红山风电场、太平风电场、大兴风电场、太阳山风电场、长发风电场、龙源铁岭风电场部署铁岭地区安全稳控系统，监视郭家变电站、昌图变电站出线过负荷情况，联切新能源出力，释放新能源送出能力超过50万kW。

2. 吉林地区

2009年，投入白城、松原地区6个厂、站安全稳定控制装置，提高输电能力50万kW。

2010年，升级改造220kV镇赉变电站、白城变电站、洮南变电站、大安变电站、长山厂等子站稳控，组织实施以500kV松原变电站、甜水变电站为主站的松白稳控装置联调，提高电网送出能力30万kW。

2011年，长山厂1号机组、白城热电厂、广发变电站双套稳控装置分别接入松白电网稳控系统，提高松白电网新能源输送能力30万kW。

2018年，配合东北电网高频紧急控制系统建设，吉林省调管辖的14个稳控执行站（甜水变电站、向阳变电站、白城变电站、镇赉变电站、新志变电站、广发变电站、乾安变电站、长岭变电站、瞻榆变电站、白城发电厂、长山电厂、双辽电厂、九台电厂、双沟电站）投入正式运行，鲁固直流输电能力由200万kW提升至550万kW。

2019 年，乾安变电站稳控装置投入系统运行，提高松原地区新能源接纳能力 25 万 kW。

3. 黑龙江地区

2013 年，在大庆 220kV 繁荣变电站配置双套稳控装置，在和平风电场、顺德风电场、瑞好风电场、草原风电场、中丹风电场、拉弹泡风电场、新海风电场、五连湖风电场、银浪风电场各配置单套稳控装置，解决 220kV 让繁甲乙线、锋繁甲乙线 N–1 故障后另一回线过负荷问题，释放新能源消纳能力 20 万 kW。

2016 年，为配合伊春鹤岗地区新能源投产，在鹤岗 500kV 清源变电站、220kV 白林变电站、金山变电站、鹤南变电站、东郊变电站、绥滨变电站、环山变电站、鹤岗 A 厂、伊春热电厂、佳木斯 B 厂各配置双套稳控装置，解决 220kV 清金甲乙线、鹤东甲乙线、鹤安甲线、清源变 2 号主变压器 N–1 故障后运行线路、主变压器过负荷问题，释放新能源消纳能力 50 万 kW。

2021 年，为配合绥化地区新能源投产，在绥化 500kV 兴福变电站、220kV 庆安变电站、新立变电站、海伦变电站、青冈变电站、宇祥 B 厂、绥化热电厂配置双套稳控装置，在 66kV 宇祥 A 厂、庆翔二厂配置单套稳控装置，解决 220kV 庆铁甲乙线、兴庆甲乙线、兴立甲乙线、康立甲乙线、兴绥甲乙线、庆安变电站 1、2 号主变压器以及兴福变电站 1 号主变压器 N–1 过负荷问题，释放新能源消纳能力 60 万 kW。

2021 年，为配合国能通河风电场投产，在哈尔滨 220kV 德善变电站、洪胜变电站、宾发变电站、吉兴变电站配置双套稳控装置，解决 220kV 永发甲乙线、德吉德广双线、吉发广发双线 N–1 故障后另一回线过负荷问题，释放新能源消纳能力 35 万 kW。

2022 年，为配合大庆南部新能源项目投产，在大庆 500kV 国富变电站、大庆变电站，220kV 源兴变电站、同北变电站、龙祥变电站、同榆变电站、春蕾变电站、新华电厂配置双套稳控装置，解决 500kV 国富变电站 1、2 号主变压器、大庆变电站 1、2 号主变压器以及 220kV 新锋甲乙线、新榆甲乙线、新化甲乙线、同化甲乙线、红同甲乙线、龙旗甲乙线、火龙甲乙线、富兴富榆双线、富兴榆源双线 N–1 过负荷问题，释放新能源消纳能力 60 万 kW。

4. 蒙东地区

2011 年，在通辽地区配置稳控装置，一部分安装在科尔沁变电站、阿拉坦变电站、右中变电站、通辽厂、京科厂、北沙变电站、霍林河坑口电厂，通辽南北部电磁环网送出能力提升至 150 万 kW；另一部分安装在乌力吉风电场、高力板风电场、右中变电站、舍伯吐变电站、宝龙山变电站，其中乌力吉风电外送能力提升 30 万 kW；高力板风电外送能力提升 26 万 kW；右中变电站风电外送能力提升 26 万 kW；舍伯吐地区新能源外送能力提升 30 万 kW，宝龙山变电站风电外送能力提升 30 万 kW。

2012 年，科尔沁开鲁奈曼牧场稳控系统投运，安装地点包括开鲁变电站、奈曼变电站、牧场变电站，地区新能源外送能力提升至 60 万 kW。

2019 年，科尔沁主变压器稳控系统投运，安装在科尔沁变电站、牧场变电站、舍伯吐变电站、宝龙山变电站、哈达变电站、甘旗卡变电站、哲里木变电站、高力板风电场、乌力吉风电场，科尔沁主变压器上送潮流限额由 95 万 kW 提升至 140 万 kW。

2019 年，巴林主变压器稳控制系统投运，安装在巴林变电站、罕苏木变电站，巴林主变压器上送潮流限额由 100 万 kW 提升至 140 万 kW。

2019 年，乌丹—安庆稳控系统投运，安装在乌丹变电站、安庆开关站，安乌线、元安线地区新能源送出能力由 14 万 kW 提升至 26 万 kW。

2019 年，文钟—西郊稳控系统投运，安装在文钟变电站、西郊变电站，青文线、赤文线地区新能源送出能力由 40 万 kW 提升至 72 万 kW。

2023 年，赤峰地区稳控装置升级改造，安装在 500kV 青山变电站、紫城变电站，赤峰 220kV 风电总出力限额由 220 万 kW 提升至 250 万 kW。

2023 年，科尔沁主变压器稳控制装置升级改造，安装在 500kV 科尔沁变电站、金沙变电站，科尔沁主变压器上送潮流限额由 140 万 kW 提升至 170 万 kW。

四、开发新能源场站有功控制系统

2007 年开始，东北电网蒙东地区陆续建设投运了单场容量超过 4 万 kW 的风电场，通过 220kV 线路分散接入风资源丰富但网架薄弱、结构复杂的末端电网。

随着接入风电场数量不断增多，网架约束（或称做通道受阻）风电场弃电的情况越来越多，限制风电场有功出力时的"三公"调度问题随之出现。2008 年，东北网调开发了实现多重嵌套断面内风电场出力分配计算系统，调度员按照分配比例通过调度电话下达限制出力指令。

随着风电场的数量和容量增长，其出力的波动性特点给调度员断面潮流控制、系统频率调节带来较大压力。为了解决风电场站数量多、容量小、调度控制力不足的问题，2010 年东北网调参考常规机组 AGC 系统控制逻辑，结合多重嵌套断面内风电场出力分配算法，考虑有功出力调节速率限制等因素，开发了"考虑断面安全约束的大规模风电有功控制系统"，于 2012 年 1 月正式投入运行。新疆、青海、河北分别在 2016、2017、2019 年，参考东北网调部分核心控制策略，开发了各自的风电 AGC 系统。

2010 年，国网吉林电力与清华大学联合开发了国内首套智能风电调度控制系统并沿用至今，在全国率先实现了风电场站自动控制的全覆盖，同时牵头了新能源有功/无功控制系统的企标编制，将吉林样板上升为全国标准。"十三五"期间，吉林省调的新能源智能调度控制系统不断优化升级，实现了计及多种交易需求的新能源场站功率控制功能，可以进行新能源场站中长期交易的分解及现货交易的执行与统计。

2021 年至今，国网黑龙江电力开发的计及网源协调的新能源并网实时有功功率智能控制系统累计接入风、火、水电场 109 座，合计装机容量 2580 万 kW，累计创造直接经济效益 15.59 亿元，成功破解了大规模新能源并网运行与外送的技术瓶颈，为我国风电集群建设起到引领示范作用。

2022 年，国网辽宁电力 249 家新能源场站全部接入辽宁省调 AGC 控制主站，实现集中控制，新能源控制断面全部实现精准控制，最高控制精度达 98%，对比常规监视控制模式，提升新能源接纳能力 8.9%。

第二节 运 行 管 理

一、推动友好型风电场/新能源场站建设

随着风力发电的快速发展，风电装机在电网中的占比越来越大。为了确保电网安全稳定运行，2009 年 12 月 22 日，国家电网公司发布了 Q/GDW 392—2009《风电场接入电网技术规定》，对风电场接入电网应符合的技术性能作了详细规定，包括有功/无功控制、低电压穿越能力、功率预测等方面。但当时国内已投运的风电场中还没有能完全满足风电并网技术规定的风电场，风电场面临的技术改造难度很大。"电网友好型风电场"这一概念就是在这种情况下提出的，它指风电场能够完全满足电网的并网要求，并结合系统稳定要求和潮流分布，及时进行状态和参数调整，实现风电可控、在控。

2010 年起，东北网调开始评选"电网友好型风电场"，并对评选上的风电场进行授牌。同时发布《东北风电实时调度优先排序暂行规定》，根据风电场涉网技术水平的评价得分，计算出风电场的修正容量，得分越高，修正容量越大。风电出力受阻的时候，采取按照修正容量等比例分摊的办法计算有功出力指令，即涉网性能评分越高，风电场越"友好"，送出负荷的次序越优先。这一方式极大地促进了风电企业加强整改、满足涉网性能要求的积极性。

参加电网友好型风电场评选的风电场需要提交友好型风电场验收申请和验收资料。并通过一系列的并网性能测试，并网性能测试如下：

（1）风电场有功功率控制系统功能测试。

（2）风电场无功功率控制系统功能测试。

（3）风电机组低电压穿越能力测试。

（4）风电机组频率响应特性测试。

（5）风电场功率预测系统功能及精度测试。

（6）电能质量在线监测装置功能测试。

（7）风电场并网点电能质量测试。

风电场通过所有测试后，东北网调组织开展现场验收，通过后将该风电场评定为电网友好型风电场。

2010 年 8 月 24 日，东山风电场通过东北电网公司调度通信中心和东北电网风电并网检测评估中心"电网友好型风电场"项目验收，被认定为"电网友好型风电场"。东山风电场成为东北电网乃至全国第一个"电网友好型风电场"。

二、加强风电并网及调度运行管理

2009 年，东北网调通过重点分析风电的大规模发展对区域电网以及区域内各省间联络线关口控制模式所产生的影响，完成《风电并网调度运行管理模式研究》报告；为规范风电调度运行管理，开展风电并网运行调度管理模式研究，制定《风电调度运行管理规范》《东北电网风力发电场并网运行管理规定》等规定；积极推动电力监管部门开展东北电网发电厂最小开机方式及机组调峰能力核定工作，督促地方小机组、自备电厂机组按最大能力参与系统调峰。

2011 年，在与风电企业协商一致的基础上，东北网调推行风电优先排序调度管理模式。当风电上网受限时，调度人员依据风电场涉网技术水平实时优先排序调度。通过"风电优先排序"适当提高了"友好型风电场"等涉网技术指标评价较高的风电场上网电量，以电量管理为手段，激励各风电企业提升涉网技术水平改造力度。

2012 年，东北网调实现所有直调风电场有功功率自动控制功能，根据风功率实际情况和安全稳定要求，自动调整各风电场的出力分配，尽最大能力接纳风电，保持风电输送通道潮流按限值运行，最大限度地发挥电网的输电能力；依据当日来风情况和次日风功率预测数据，综合考虑电网运行情况和预测精度，以风电为中心协调不同形式常规机组运行方式，提出风电优先调度消纳方案，并落实在日常的电网调度运行工作中；为进一步利用全区域资源优化配置能力，结合现有关口调度模式特点，灵活实施调整联络线计划、调配全网旋转备用容量、采取跨省调峰支援等措施，全力提高全网风电接纳水平。

2021 年，东北网调深入分析新能源发电特点，弹性提升新能源纳入平衡比例。根据"预测功率越大、可信度越高"的规律，在负荷高峰时段按预测值的40%～80%阶梯式纳入平衡，其他时段 100%纳入平衡。光伏预测准确度较高且规律性较强，在负荷高峰时段按 80%预测值纳入平衡，其他时段 100%纳入平衡。

风功率预测可信度分析如图 5-1 所示，风功率预测纳入电力平衡比例选取如图 5-2 所示。

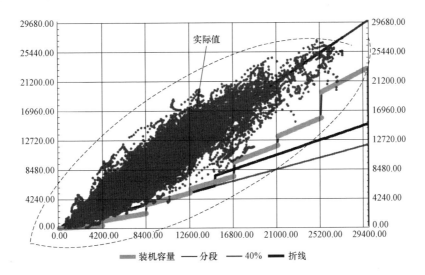

图 5-1　风功率预测可信度分析（单位：MW）

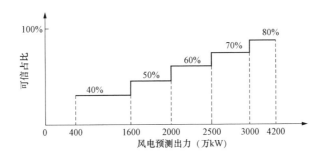

图 5-2　风功率预测纳入电力平衡比例选取

三、优化储能运行策略

2014 年，东北电网总结抽水蓄能电站运行情况，明确抽水蓄能电站功能定位，编制完成了有关年度运行计划和调度运行规程，制定了《东北电网抽水蓄能机组调度运行管理细则》，优化提升新能源接纳能力。

2022 年，东北电网按照系统调峰能力最大化、调峰市场费用最小化目标，实时评估新能源消纳形势，动态调整抽水蓄能运用策略，大风期抽水蓄能每日"两发两抽"常态化，充分保障顶峰能力，合理压减火电运行容量，为新能源消纳创造有利条件。抽水蓄能电站"多抽多发"示意图如图 5-3 所示。

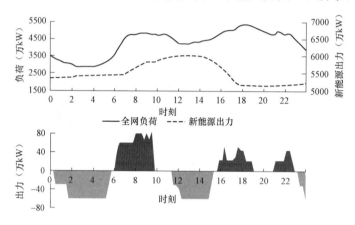

图 5-3　抽水蓄能电站"多抽多发"示意图

四、火电灵活性改造

东北电网是全国率先开展火电机组灵活性提升实践探索的电网。近十多年来，东北电网主要新增电源都是不能灵活调峰的风电、热电、核电，逐步导致东北电网电源结构日益失衡，快速调节性电源所占比重日益下降，电网的灵活调节性不足也限制了新能源的进一步发展。

为提高系统接纳能力，解决严重弃风弃光问题，2016 年 6、7 月，国家能源局在全国范围内分两批次下达火电灵活性改造试点项目清单，推动火电机组运行灵活性提升。2022 年年底，东北电网全网共有 93 座火电厂完成了灵活性改造，改造容量为 5833.5 万 kW，其中热储能改造容量为 638.1 万 kW。

火电企业采用的灵活性改造技术大致可以分为两类：一类是针对锅炉、汽轮机系统进行改造，通过降低原动力降低发电功率；另一类是建设储热系统，将弃风期间过剩的蒸汽热能或过剩电能转化为热能，储存在热力网储能设施中，从而减少上网发电功率。目前，有火电企业在供热期能够实现低谷时段根据调度指令将上网发电出力减少到"零"的程度。

截至 2022 年年底，全网 5800 万 kW 火电机组完成灵活性改造，占比 65%，部分机组最低稳定运行负荷率达到 15%；34 座热电厂配置电蓄热装置，总容量 642 万 kW，实现了热电解耦；各种方式累计提升深调能力 1729 万 kW，全网火电平均负荷率最低降至 35.2%。

第三节　市　场　机　制

东北地区是我国电力市场建设和示范运营的先行者和排头兵。1999—2004年，东北地区辽、吉、黑三省成为我国最早省级电力市场建设及运营试点。2005年，东北区域电力市场成为我国两个区域电力市场试点单位之一，是唯一开展过区域电力竞价市场年度及月度试运行的单位。2008年，为进一步发挥市场在资源优化配置中的积极作用，东北电网在前期电力市场建设基础上，积极推动电力用户与发电企业直接交易、发电权交易、省间互供电量交易。东北电力市场建设起步早，积累了丰富的市场运行经验，为后期推动市场化路径消纳新能源打下了良好基础。

一、调峰辅助服务

（一）调峰辅助服务市场建设的背景

调峰是我国电力系统调度运行中特有的概念。在国外电力市场环境下，辅助服务主要包括调频、调压、运行备用、黑启动等，调峰不属于辅助服务的范畴。我国尚未建立成熟的电力市场体系，采用"三公"调度模式，并出台《发电厂并网运行管理实施细则》《并网发电厂辅助服务管理实施细则》（以下简称"两个细则"）规范电力企业生产管理，提升设备运行水平，调动发电企业提供辅助服务的积极性。其中，《并网发电厂辅助服务管理实施细则》将调峰作为辅助服务的一种，进而分为基本调峰辅助服务和有偿调峰辅助服务。发电厂深度调峰、启停调峰等属于有偿调峰辅助服务的范畴，各地文件规定了有偿调峰的基准、考核与补偿，以及费用分摊等规则。

自"十二五"以来，东北地区负荷增长放缓，发电装机容量总体过剩，随着新能源的快速发展，调峰能力不足成为东北新能源消纳的关键短板。一是供热电厂的装机比重越来越高，占比高达火电机组总容量的70%，供热与发电存在强耦合关系，冬季供热严重影响发电机组调峰能力。二是由于电煤价格上涨等，东北电网火电厂大量掺烧地方劣质低价电煤，发电能力大幅降低，致使火电机组尖峰出力严重受阻，电网被迫增加火电开机容量，导致电网低谷调峰能力下降。以2016年春节为例，东北全网因低谷调峰能力短缺被迫采取单机供热方式减少开机容量，以维持电网调峰安全。单机供热电厂达到26座，占全部74座供热电厂的35%。一旦单机供热电厂发生机组跳闸事故，必将影响当地居民供暖，引发社会民生矛盾。2016年，东北全网弃风电量97.75亿kWh，弃风率高达18.28%，其中调峰原因占比67%。

《并网发电厂辅助服务管理实施细则》中的有偿调峰辅助服务在激励火电深度调峰方面有一定作用，但由于补偿力度较小，加之火电企业等对发电量的追逐，作用有限。尤其是在大规模新能源接入电网、系统调峰约束日益加剧的情况下，原有有偿调峰辅助服务相关规则不能有效激励系统调峰潜力的发挥，有必要研究通过市场化管理手段引导火电厂提高管理水平、开展技术改造，做到机组能加、能减，最大化发挥火电机组调峰能力，为清洁能源消纳提供更大空间。建设以创造增量调峰空间为目标的调峰辅助服务市场是解决东北电网调峰矛盾和提高新能源接纳能力的最有效措施。

（二）调峰辅助服务市场建设的基本目标及理念

在调峰空间极为有限的条件下，东北电网率先开展电力调峰辅助服务市场研究，尝试以市场手段化解调峰问题，迈出了中国电力辅助服务市场建设的第一步。建立分阶段调峰辅助服务市场建设目标。以挖掘存量调峰潜力为近期目标。通过市场机制调动火电企业主动调峰积极性，在不投入资金开展技术改造的情况下，可提高部分机组调峰潜力，快速解决部分电网调峰矛盾，挖掘现存调峰潜力。以创造增量调峰空间为中期目标。即通过市场化手段引导发电企业和社会资本投入，引导热电解耦技术改造，创造增量调峰空间，大幅提升电网调峰能力。以初步建成覆盖东北电网的调峰现货市场为远期目标。在不改变现有电价机制等政策约束的条件下，通过调峰辅助服务市场迈出可行的、重要的市场化步伐，为未来东北电力现货市场的建设积累技术平台理论、市场氛围和实践经验。

东北调峰辅助服务市场建设的基本理念：①引入市场化机制。东北调峰辅助服务市场首开中国先河，改变传统的调度行政命令方式，以市场化的方式解决调峰问题。②界定有偿和无偿。将电力调峰划分为基本义务调峰与有偿调峰，从而明确定义了电力调峰的商品属性；超过基本义务的额外调峰贡献即可在市场上出售，没有尽到义务的企业必须到市场购买别人作出的替代调峰贡献。③明确调峰"电力"属性。辅助服务市场是一个"电力"交易市场，而不是传统"电量"交易市场。电力辅助服务市场目前按照每 15min 为一个计量时间单位，开展调峰交易。④电力调峰是所有发电企业共有义务。每个发电企业都应担负调峰辅助服务基本义务，没有尽到调峰义务的发电企业要为其发出的每一度电购买附加调峰辅助服务。⑤日前报价，日内交易。所有发电企业日前上报提供有偿电力调峰辅助服务价格期望，设定报价上限，日前并不达成交易，交易是在日内与实际调电同步完成的，根据实际调电结果计算购售双发实际发生费用。⑥掌控市场方式。市场监管机构通过动态调整"有偿调峰分界门槛值"以及"调峰报价上限"这两个重要参数掌控市场宏观运行情况，保证市场健康运行。

（三）调峰辅助服务市场建设历程

1．第一阶段：2013—2015 年

2013 年 11 月，国网东北分部决定开展电力调峰辅助服务的市场化方向研究，并与东北能源监管局充分沟通达成一致意见。2014 年 6 月，国网东北分部完成《东北电力调峰辅助服务市场运营规则》的编制工作，并与东北电力设计院共同完成《东北地区抽凝热电机组电力调峰与居民供热解耦运行方案可行性研究》。2014 年 7 月，东北能源监管局下发了《关于做好东北电力调峰辅助服务市场模拟运行工作的通知》（附件含市场交易规则办法）。其核心内容：①引入三个调峰交易品种。即实时深度调峰交易、跨省调峰交易、火电应急启停调峰交易三个交易品种。②引入"阶梯式"分摊机制。将原来深度调峰固定补偿标准修改为"多减多得、少减多罚"，按基于报价的出清价格确定补偿标准。发电厂按照负荷率 40% 以下 0.60～0.80 元/kWh，40%～45% 为 0.40～0.60 元/kWh，45%～52% 为 0～0.40 元/kWh，分三档报价，补偿价格为各档实际出清价格。③明确调峰费用分摊主体。调峰参与主体仍主要是火电厂，但分摊主体由原来的火电扩展为火电、风电、核电共同分摊。具体而言，负荷率大于 52% 的火电厂的全电量，核电厂负荷率超过 52% 以上的电量以及风电场的全电量共同参与分摊。④建立跨省调峰交易机制。使增量调峰资源跨省交易，实现区域内共享，提高东北调峰整体水平。跨省调峰支援价格为提供支援省内实际发生的深度调峰有偿辅助服务各档内出清电价。

2014 年 10 月，东北电力调峰辅助服务市场 1.0 版启动运行。2015 年 1—12 月，东北全网有偿调峰辅助服务电量 15.76 亿 kWh，合计补偿费用 6.58 亿元。有偿调峰辅助服务平均价格 0.417 元/kWh，实际最高出清价格 0.800 元/kWh，最低出清价格 0.200 元/kWh。88 座火电厂中 84 座（占比 96%）发生了第一档有偿调峰（负荷率 40%～50%），调峰电量共计 14.38 亿 kWh；81 座（占比 92%）发生了第二档有偿调峰（负荷率 40% 以下），调峰电量共计 1.19 亿 kWh；跨省调峰支援提高了全网近 20% 的风电接纳能力。东北全网风电受益电量共计 50.96 亿 kWh。

2015 年补充规则在 2014 年规则的基础上对各类电厂分摊机制进行微小调整。主要包括强调发电企业不得以参与调峰辅助服务市场为由影响供热；降低采暖期间 35 万 kW 供热机组的分摊费用系数等。

2．第二阶段：2016—2018 年

进入"十三五"，东北地区新能源持续快速发展，为进一步提升火电机组灵活性改造积极性，加大调峰深度和补偿力度，2016 年下半年，根据国家能源局的要求，由东北能源监管局牵头，以国网分部及各省公司为主、有关发电企业为辅，成立工作小组，在原规则基础上进一步起草《东北电力辅助服务市场运营规则》。2016 年规则对 2014 年规则进行了较大调整，但规则的根本思路没有发生变化。主要调整内容如下：①根据机组类型和不同时期细化有偿调峰基准。将 2014 年规则中统一的有偿调峰基准（负荷率 52%）修改为对各类发电机组（热电厂与纯凝火电厂）在不同时期（供热期与非供热期）分别设置有偿调峰基准。②进一步加大调峰补偿力度。将 2014 年规则的分三档报价调整为分两档报价并提高报价上限，分别为 0.4 元/kWh、1 元/kWh。③丰富交易品种。将火电停机备用交易、可中断负荷调峰交易、电储能调峰交易、抽水蓄能超额使用辅助服务交易、黑启动辅助服务纳入调峰辅助服务范畴。2016 年 10 月，东北能源监管局上报国家能源局，同年 11 月，东北能源局印发《东北电力辅助服务市场运营规则》。2016 年 12 月，东北分部完成了新规则技术支持系统的升级建设工作。

2017 年 1 月，东北电力辅助服务市场 2.0 版投入运行。2017 年 1—12 月，东北全网有偿调峰辅助服务电量 25.13 亿 kWh，实际最高出清价格 1.000 元/kWh，最低出清价格 0.200 元/kWh。全网 88 座火电厂中 86 座（占比 97%）发生了第一档有偿调峰（负荷率 40%～50%），调峰电量共计 18.00 亿 kWh；73 座（占比 83%）发生了第二档有偿调峰（负荷率 40% 以下），调峰电量共计 7.13 亿 kWh；跨省调峰支援提高了全网近 12% 的风电接纳能力。东北全网风电受益电量共计 105.72 亿 kWh。

2017 年 10 月出台了《东北电力辅助服务市场运营规则补充规定》，主要进行三方面规则调整：①将非供热期实时深度调峰费用减半处理，同时将供热期风电、核电电量按照两倍参与费用分摊，以准确体现出东北供热期调峰资源稀缺程度，也使新能源受益与分摊费用更加匹配；②将出力达不到铭牌容量 80% 的火电机组所获调峰补偿费用减半；③对省内与跨省调峰承担费用之和设置了上限，以切实起到对市场成员的保护作用。

3. 第三阶段：2019 年至今

随着新能源装机比例的提升，新能源发电“极热无风”“晚峰无光”“大装机、小电量”等特性逐步凸显。调峰辅助服务市场有效激励火电机组下调峰的灵活性改造，但同时带来了用电高峰时段顶峰能力不足问题。同时，火电机组深度调峰电量和调峰价格的持续上升，加大了风电机组调峰辅助服务分摊的成本。针对东北电力运行中出现的新情况和新问题，东北能源监管局考虑全面升级电力辅助服务市场运营规则。

2019 年 1 月 14 日，东北能源监管局出台《东北电力辅助服务市场运营规则（试行）》。本次东北电力辅助服务规则的全面升级体现在两方面：一方面，增设旋转备用交易品种。旋转备用是指为了保证可靠供电，发电机组在尖峰时段通过预留旋转备用容量所提供的服务。为激励和引导火电厂主动提升顶尖峰能力，新规则设计了尖峰旋转备用市场日前竞价机制，火电厂日前报最大发电能力及备用售价，每15min为一个统计周期。旋转备用交易实现了东北地区辅助服务市场"压低谷、顶尖峰"全覆盖。另一方面，完善原有深度调峰补偿机制：①将非供热期实时深度调峰费用减半处理，同时将供热期风电、核电电量按照两倍计算分摊费用，以准确体现出东北供热期调峰资源稀缺程度，使新能源受益与分摊的费用更加对等。②考虑到东北地区光伏发展迅猛，对电力系统调峰已经产生明显影响，因此正式将光伏纳入电力辅助服务市场范畴。③对市场主体承担的省内与跨省调峰费用之和设置了上限，对没有调节能力或者调节能力较弱的市场主体起到"底线"保护作用。④对深度调峰辅助服务的调用原则和执行流程进行了细化、优化。

2020年1—12月，东北全网有偿调峰辅助服务电量93.96亿kWh，实际最高出清价格1.000元/kWh，最低出清价格0.03元/kWh。全网93座火电厂中93座（占比100%）发生了第一档有偿调峰（负荷率40%~50%），调峰电量共计64.11亿kWh；89座（占比85%）发生了第二档有偿调峰（负荷率40%以下），调峰电量共计29.85亿kWh。全网跨省调峰辅助服务支援电量19.54亿万kWh。东北全网新能源受益电量为260.23亿kWh。

"十四五"以来，针对近两年出现的东北电网火电尖峰受阻容量较大、新能源企业分摊金额提升、不同种类电源分摊比例不平衡等新情况和新问题进行了调整。2020年10月1日，东北电力辅助服务市场进行了更新，调整了相关参数，并加入上下联动机制。2021年10—11月，东北电力辅助服务市场针对保供期间临时修改参数。2022年4月，东北电力辅助服务市场进一步修订，取消上下联动相关条款，旋转备用交易与深度调峰交易分开考核。目前东北已实现全区域、多品种、压低谷、顶尖峰的调峰辅助服务全覆盖。

（四）调峰辅助服务市场建设成效

东北电力调峰辅助服务市场通过改变发电侧的盈利模式，火电厂由卖电挣钱，转变为卖电、卖热、卖服务挣钱，火电厂调峰由"要我调峰"转变为"我要调峰"，有效推动提升火电机组调峰深度，促进新能源消纳。主要成效如下：

（1）火电机组调峰深度不断增加。调峰辅助服务开展以前，供热期供热机组最低按照东北能源监管局核定的最小方式调整，供热中期电网调峰非常困难。调峰辅助服务的开展有效调动了火电厂调峰的积极性，全网火电机组深调能力逐年增加。参与辅助服务市场的火电机组低谷平均负荷率由 63% 下降为 32.4%。参与辅助服务市场 92 座火电厂中，有 91 座电厂可减至 40% 以下，有 52 座火电厂出力可减至 20% 以下，有 32 座火电厂约可减至 0 出力。

（2）对消纳新能源的贡献占比不断提高。调峰辅助服务市场开展以来，全网新能源受益电量共计 2347 亿 kWh，调峰辅助服务市场对风电接纳能力贡献占比逐年提高，从 2015 年的 9.4% 提升至 2022 年的 29.3%。

（3）辅助服务市场建设经验全国推广，助力全国"双碳"目标实现。自 2017 年东北电力辅助服务市场被列为国家能源局试点以来，全国网省公司纷纷到东北分部调研辅助服务市场建设情况，并根据东北经验制定了各自辅助服务市场运营规则。

二、东北电网新能源跨区交易

为更好地服务清洁能源发展，最大限度接纳风电上网，东北电网积极发挥跨区输电作用，结合东北—华北（高岭）直流背靠背工程、鲁固直流工程的投产，通过建立市场化机制，探索开展风电跨区消纳。

1. 东北电网富余风电送华北

2013 年，东北电网在原有火电企业送华北电量交易的基础上，积极开展了富余风电送华北电量交易。一方面，加强沟通汇报推动政策出台。东北电力交易中心多次与东北电监局沟通，促请东北电监局向国家电监会汇报，在当年 1 月末出台《东北电网富余风电送华北电量交易组织暂行办法》，为如期开展交易提供政策依据。另一方面，同步开展市场交易工作培训。逐条解读了东北电网富余风电送华北电能交易办法；详细介绍了交易流程、交易空间确定原则、市场主体注册流程、交易运营系统应用方法、交易数据申报流程、交易结果查询等各项工作内容，使得风电企业虽然首次参与市场交易，却可以顺利地参与后期电量交易工作。2013 年，东北电网分 5 轮次开展了电能交易，圆满完成了 40 亿 kWh 年初预留电量空间的交易工作，占风电增发电量的 40%，与 2012 年相比，提高风电接纳电量 14.8%。参与交易的风电交易单元为 300 个左右，占核准风电企业的 98% 以上。

2. 东北低谷富余风电与华北集中电采暖用户直接交易

为落实国家大气污染防治计划，支持北京大气污染防治工作，有效减少东北风电低谷弃风电量，2014 年东北电网创新开拓风电跨区域供暖用电新举措，编写了《北京集中式电采暖试点项目向东北低谷弃风电采购交易的交易方案》和《华北集中电采暖用户与东北富余风电直接交易暂行办法》，并提交东北能源监管局。

3."动态比例设置、灵活电价搭配"的新能源跨区外送交易策略

"十四五"以来，东北地区保供和新能源消纳形势严峻。2022 年面对年度交易电量小、部分地区火电企业跨区跨省交易意愿不足等情况，东北电网研究在"新能源火电打捆"基础上采取"动态比例设置、灵活电价搭配"交易策略，灵活设置新能源交易电量占比，利用新能源价格较低的特点，提高火电价格，提升火电企业交易意愿，大幅增加了火电企业交易电量。2022 年，积极组织鲁固、高岭跨区现货交易，外送现货最大电力增加 548 万 kW，提升新能源消纳 19.23 亿 kWh；全年外送新能源电量 120 亿 kWh，占东北地区新能源发电量的 9.3%。

三、东北电网新能源市场化交易

2011 年之前，东北电网新能源以保障性收购为主。"十二五"以来，新能源快速发展，消纳矛盾日益突出。为解决风电消纳和经营困难问题，地方政府纷纷出台相关政策和管理办法，推动风电企业参与电力市场交易，拓展消纳空间。

1. 全国首次开展风火替代交易，开拓风电消纳新途径

2011 年蒙东地区弃风电量 29.58 亿 kWh，同比增加 274%。同年，东北电网起草蒙东地区发电权交易办法并报东北电监局，该办法首次将风电纳入发电权交易主体，并规定合同电量也可以进行替代，扩大了参与市场的主体范围和交易的空间，是对原有发电权交易办法的两个突破。2012 年，东北电监局会同内蒙古自治区经信委发布《蒙东地区风火替代交易暂行办法》，标志着我国首个风火替代交易市场正式建立。2013 年，为进一步寻找新的提高风电接纳能力的方向，在现有蒙东地区发电权交易办法基础上，通过火电停机增加电网低谷调峰能力，进而为增加风电发电量创造条件。风火替代交易实现了风电企业和火电企业间通过市场机制自愿开展的电力替代交易，为风电提供发电空间，为火电提供了合理的经济补偿。截至 2022 年年底，累计交易电量已达到52.7 亿 kWh。

2. 挖掘用户侧消纳潜力，探索风电直接交易

2014 年，东北电网在推进电力直接交易工作的过程中，设计引入风电企业弃风电量参与直接交易，并尝试在风电受限严重的蒙东地区进行试点。同年，东北电网推动东北能源监管局印发了《内蒙古自治区东部地区电力用户与风电企业直接交易试点暂行办法（试行）》，在坚持企业自愿的原则下，开展了蒙东地区电力用户与风电企业首次直接交易试点，内蒙古和谊镍铬复合材料有限公司与蒙东华能通辽风电发电有限公司以双边协商的交易模式成交电量 1 亿

kWh，既有力地落实了国家节能减排政策，有效地利用了清洁能源，又缓解了蒙东电力供大于求的矛盾。在试点基础上，黑吉辽三省推动政府出台政策，支持风电企业、电力用户（售电公司）通过协商交易、集中竞价、挂牌等市场化方式开展电力直接交易。2022年，东北电网新能源直接交易电量232.35亿kWh，占东北地区新能源消纳电量的20.4%。

3. 打好大气污染治理攻坚战，积极推行清洁供暖

为贯彻落实党中央国务院关于推进北方地区清洁供暖的决策部署，加快推动清洁供暖工作，东北电网促请地方政府出台电网企业集中采购清洁供暖用电中长期交易，富余清洁能源电力供暖短期交易，鼓励电蓄热、储能企业与风电、光伏发电企业开展直接交易等多种市场化措施，助力打好大气污染治理攻坚战，提升新能源消纳空间。截至2022年年底，东北电网新能源供暖电量累计44.87亿kWh。

4. 适应新能源发电特性，创新开展源网荷储互动交易

国网吉林电力作为国家电网有限公司源网荷储市场化互动示范项目首批6家试点省份之一，自2018年以来，始终坚持强化源网荷储互动、多能协同互补，持续探索开展可调节负荷参与中长期市场交易，提出基于电采暖可时移特性适应风电波动性的分时段响应总体架构，通过模型算法将调度机构提供的风电预测曲线转化为动态分时价格，以价格信号引导和驱动电蓄热式采暖用户主动适应全省风电变化，同步设计相应结算机制，合理区分用户响应效果和贡献价值，实现用户侧降价红利的"按劳分配"，激励用户参与竞争。2021年，源网荷储互动交易配套规则和方案将光伏发电和电动汽车充换电站纳入互动交易范围，实现源网荷储交易由冬季供热期运行转为全年连续运行，交易时段由夜谷时段扩展为午平段+夜谷段的全天运营模式，充分挖潜多元可调节资源潜力。

5. 推动东北电网资源共享，扩大新能源消纳空间

受新建机组投运、冬季供热机组最小运行方式限制、风电装机容量快速增长等因素影响，自2010年第四季度，区域内各电网基本没有购电需求，导致电力交易工作开展的瓶颈由输电断面受限向运行方式受限转化，亟须统筹全区资源扩大风电消纳空间。一方面，开展风电跨省交易。2010年，东北电网着手编制《东北区域风电跨省交易暂行办法》，探索在全区域范围内推动风电消纳。2015年，蒙东风电送辽宁的跨省交易取得突破性进展，交易电量达到48亿kWh。2018年，在保持辽宁联络线受入总量不发生变化的基础上，将蒙东送辽宁风电规模由2017年60亿kWh增加至80亿kWh，同比增加33.33%，同时减少蒙东火电企业送辽宁交易电量，实现风火互补调剂。另一方面，开展跨省风火替代交易。2013年，为解决呼伦贝尔电厂由于变压器故障导致的电量计划无

法完成和吉林省风电限电严重问题，东北电网积极协调呼伦贝尔电厂和吉林风电企业就风火替代交易进行协商。2014 年，新能源发电企业华能大庆绿源风电公司与伊敏煤电公司之间通过市场机制自愿尝试开展了跨省电能替代交易，达成交易电量 0.1 亿 kWh。2022 年，东北电网区域内省间新能源交易电量 91.45亿 kWh，占东北地区新能源消纳电量的 7.8%。

6. 积极组织绿电绿证交易

绿电绿证交易是"十四五"以来我国加快绿色生产、生活方式转型，推动经济社会绿色、低碳发展的重要举措，2021 年 9 月、2022 年 9 月我国分别启动了绿电、绿证交易。东北电网积极响应国家政策要求，积极组织绿电绿证交易。2021 年 9 月，辽宁达成全国最大单笔绿电交易电量 27.3 亿 kWh。截至 2023 年4 月，辽宁绿电累计交易电量 43.53 亿 kWh，成交均价 406.84 元/MWh，成交量排名全国第三。2022 年 10 月 26 日，成功促成辽宁首笔电力"绿证"交易，绿证交易量 2 万张，助力国网辽宁电力率先实现本部用能 100%绿电供应。2023年 1 月，通过绿电和绿证交易，在全国再次率先完成国网辽宁电力三级供电企业本部办公全绿色用能，交易量 18.8 万张，折合电量 1.88 亿 kWh，绿证交易价格为 30 元/MWh。

第六章　国际实现新能源发展消纳协同的实践与经验

国际上，新能源的高速发展同样引起消纳问题，不同新能源富集国家因地制宜地发布和实施不同政策和措施，从一定程度上解决或缓解问题，积累了诸多宝贵经验。通过对国外典型国家新能源运行消纳机制的分析和总结，可以拓宽国际视野，吸纳先进经验，预防发展风险，激发新的启示，加快我国新能源的发展步伐，助力新型电力系统建设，促进我国能源结构转型升级。

本章选取丹麦、西班牙、德国作为国外典型经验的代表，分析其为实现高比例新能源运行消纳进行的主要实践以及取得的经验，其中丹麦主要通过依靠大电网，借助挪威等邻国水电机组良好的调节性能，建立完善的需求侧响应机制，加强风电开发规划协调和滚动调整电网规划等；西班牙主要通过灵活调节电源、加强风电规划和运行管理等；德国主要通过灵活调节电源、充裕的电网互联容量和欧洲统一电力市场等。此外，本章分析总结国际能源研究机构围绕高比例新能源对电力系统的影响、新能源高效利用、电力市场建设等提出研究结论。

第一节　丹麦实践与经验

一、电力系统概况

截至 2022 年年底，丹麦全国装机总容量约 1487 万 kW。其中，火电 312 万 kW，占 21%；风电 709 万 kW，占 48%；太阳能发电 249 万 kW，占 17%。2022 年丹麦电源结构如图 6-1 所示。

2022 年年底，丹麦全国发电量约 344 亿 kWh。其中，火电 55 亿 kWh，占 16%；风电 189 亿 kWh，占 55%；太阳能发电 20 亿 kWh，占 6%。2022 年丹麦发电量结构见图 6-2 所示。

丹麦风能资源丰富，风电是第一大电源，常年保持稳定增长，2008—2022 年风电年均增长 5.9%。2008—2022 年丹麦风电装机容量如图 6-3 所示。

2022 年丹麦风电发电量创新高，达到 189 亿 kWh，占全部发电量的比例为 55%。2008—2022 年发电量和发电量占比波动上升，年均增长 7%，发电量占比在 2022 年达到最高为 57%。2008—2022 年丹麦风电发电量和发电量占比如

图 6-4 所示。

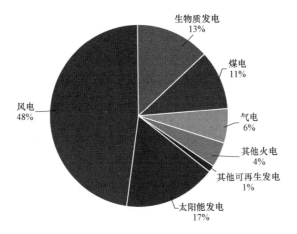

图 6-1　2022 年丹麦电源结构

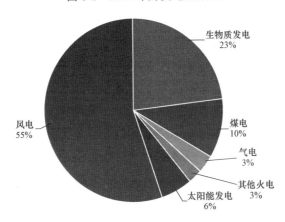

图 6-2　2022 年丹麦发电量结构

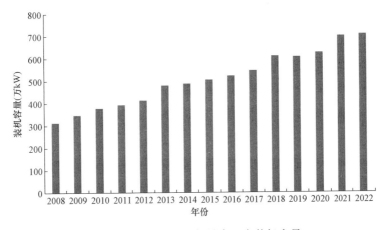

图 6-3　2008—2022 年丹麦风电装机容量

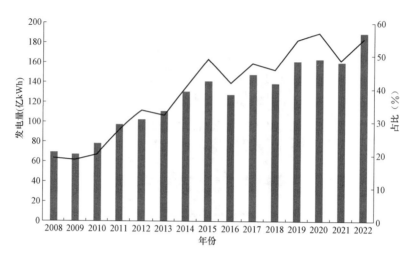

图 6-4　2008—2022 年丹麦风电发电量和发电量占比

二、丹麦实现风电高比例消纳的实践和经验

丹麦风电运行消纳整体达到较高水平，主要依靠大电网调节和需求侧响应，以及严格规划管理。

1. 跨国大电网互联实现丹麦风电高比例消纳

依靠大电网，借助挪威等邻国水电机组良好的调节性能，是丹麦风电实现高比例消纳的重要条件之一。通过北欧大电网调节，利用挪威和瑞典水电调节性能消纳本国风电。丹麦与挪威、瑞典等国电网通过 16 回线路连接，总输电容量达到 800 万 kW，与全国年最大负荷相当，是风电装机容量的 1.6 倍，具备消纳大规模风电的条件。风电多发时段，丹麦多余风电输送到挪威；当没有风时，挪威和瑞典水电输送到丹麦，实现风电和水电的大量交换。

以 2014 年全年风电运行为例，联络线调节对风电消纳起到重要作用。如图 6-5 所示，丹麦电力净送出电力与风力发电出力呈正相关关系。在风电出力多发时段，联络线基本上都是送出电力，并且风电出力越大，联络线送出电力越多。而在风电出力较小时段，丹麦跨国联络线受入电量，满足本地负荷需求。

2. 需求侧响应机制是丹麦风电高比例消纳的重要手段

丹麦充分发挥电价响应和引导功能，运用电价机制鼓励用户进行错峰用电，在夜间负荷低谷时段为电动汽车充电，启动电热锅炉，帮助消纳风电。

在风电多发的低谷时段，丹麦电力市场电价很低，甚至出现了负电价（风电此时段上网需要向电网运营商付费，由于丹麦风电政府给予补贴，如果负电价小于补贴水平，此时风电上网也有激励性，因此负电价一定程度上促进了丹麦风电消纳）。在这些用电价格较低时段，用户启动电锅炉/热泵设备用于风电供暖，电动汽车开始充电，这些措施都极大地促进了低谷时段风电消纳。丹麦电网 2014 年 3 月 17 日风电运行和电力市场价格如图 6-6 所示，丹麦需求侧响应促进风电消纳示意图如图 6-7 所示。

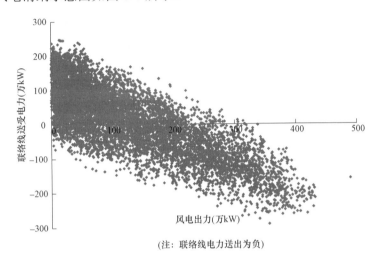

（注：联络线电力送出为负）

图 6-5　丹麦 2014 年全年 8760h 点风电出力与联络线电力送受关系

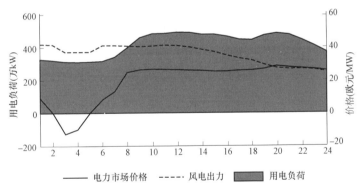

图 6-6　丹麦电网 2014 年 3 月 17 日风电运行和电力市场价格

3. 加强风电开发规划协调，确保地方规划与国家规划目标一致，并滚动调整电网规划，促进风电与电网协调发展

针对陆上风电项目，丹麦规定高度在 150m 以下的风电项目由地方政府按照规定进行科学规划和安全的实施；超过 150m 的风电项目由丹麦环境部下属的环境中心负责规划和审批，环境中心同时负责监察地方风电项目是否符合中央政府的规划要求。丹麦国家电网公司每 2 年对电网规划进行一次调整，基于

对未来电力需求滚动预测、电源规划（包括新能源）和周边国家联络线的容量变动情况，开展多情景优化规划分析，及时调整丹麦电网规划，推动新能源发展。

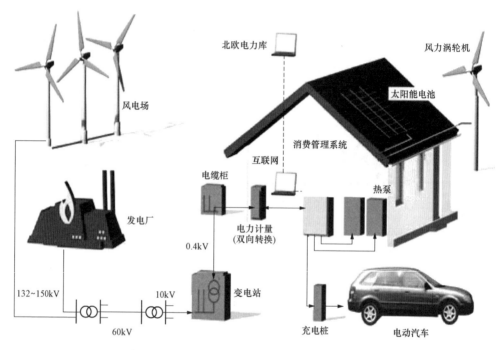

图 6-7　丹麦需求侧响应促进风电消纳示意图

第二节　西班牙实践与经验

一、电力系统概况

截至 2022 年年底，西班牙全国装机总容量约 1.1 亿 kW。其中，火电 3567 万 kW，占 32%；风电 2931 万 kW，占 27%；太阳能发电 2052 万 kW，占 19%。2022 年西班牙电源结构如图 6-8 所示。

2022 年年底，西班牙全国发电量约 2848 亿 kWh。其中，火电 1061 亿 kWh，占 37%；风电 619 亿 kWh，占 22%；太阳能发电 328 亿 kWh，占 11%。2022 年西班牙发电量结构如图 6-9 所示。

西班牙风电、太阳能分别是其第一、三大电源。2008—2022 年风电年均增长 4.2%，太阳能发电年均增长 13.6%。2008—2022 年西班牙风电装机容量如图 6-10 所示，西班牙太阳能发电装机容量如图 6-11 所示。

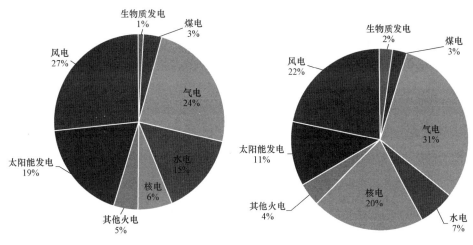

图 6-8　2022 年西班牙电源结构　　　　图 6-9　2022 年西班牙发电量结构

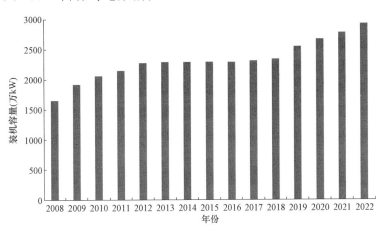

图 6-10　2008—2022 年西班牙风电装机容量

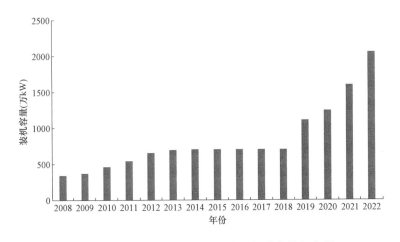

图 6-11　2008—2022 年西班牙太阳能发电装机容量

2022 年西班牙风电发电量为 189 亿 kWh，占全部发电量的比例为 22%。2008—2022 年发电量和发电量占比波动上升，发电量占比在 2021 年达到了最高为 23%。近几年，太阳能发电量和发电量占比快速增加，2022 年太阳能发电量达到 328 亿 kWh，占全部发电量的比例为 12%，发电量、占比均较 2019 年实现翻番。2008—2022 年西班牙风电发电量和发电量占比如图 6-12 所示，太阳能发电量和发电量占比如图 6-13 所示。

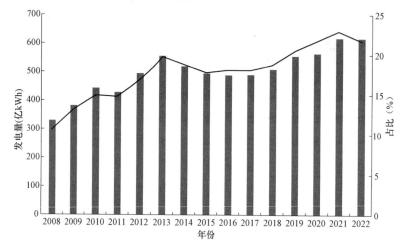

图 6-12　2008—2022 年西班牙风电发电量和发电量占比

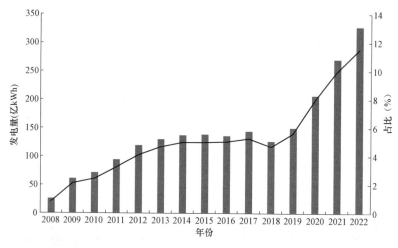

图 6-13　2008—2022 年西班牙太阳能发电量和发电量占比

二、西班牙实现风电高比例消纳的实践和经验

1. 西班牙实现风电瞬时出力占比主要是依靠灵活调节电源

以 2013 年 12 月 25 日风电运行消纳为例说明灵活调节电源对消纳风电的作

用。当日凌晨 2:50，当负荷处于 1993 万 kW 的低谷时段，风电出力达到 1337
万 kW，风电出力占比达到 67%。当日，系统最大负荷 2816 万 kW，最小负荷
1801 万 kW，峰谷差 1015 万 kW。火电、联合循环发电，水电配合负荷和风电
实时调整，高峰时段最大出力 561 万 kW，低谷时段降至 168 万 kW，同时启动
抽水蓄能机组泵工况运行，抽水功率 183 万 kW，为风电让出消纳空间；另外，
还有超过 3000 万 kW 水电和联合循环机组处于备用状态，电源还有较大的调节
能力。2013 年 12 月 25 日西班牙电网运行情况如图 6-14 所示。

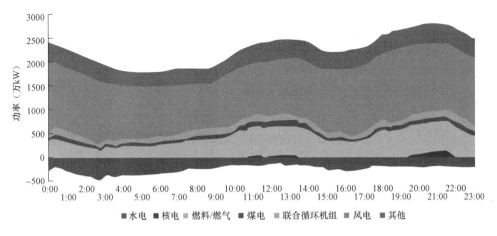

■水电　■核电　■燃料/燃气　■煤电　■联合循环机组　■风电　■其他

图 6-14　2013 年 12 月 25 日西班牙电网运行情况

2013 年 12 月 25 日 2:50 系统平衡情况见表 6-1。

表 6-1　　　　　2013 年 12 月 25 日 2:50 西班牙电网系统平衡情况　　　　　万 kW

系统负荷	1993	总装机容量 10814
		当日最大负荷：2816
跨国交换	−255	—
水电（含抽水蓄能）	−183	常规水电装机容量 1707
		抽水装机容量 275
核电	608	装机容量：787
煤电	63	装机容量：1164
油气混合电源	0	装机容量：350
联合循环	79	装机容量：2721
风电	1337	装机容量：2296
其他	368	装机容量：823

2. 加强风电规划和运行管理是风电运行消纳的重要保障

规划管理：加强风电开发规划协调，保障风电有序发展。从 2009 年开始，西班牙实行风电预分配登记制度，规定新建风电场项目必须向中央政府管理机构提出申请，并提交包括输配电公司并网同意函在内的一系列证明文件。管理机构按照规划中规定的规模对项目进行统一的审批，未纳入规划的风电场一律不享受政府电价补贴。

运行管理：一是加强风电功率预测预报管理。西班牙要求风电企业有义务提前将风电上网电力通报电网运营企业，如果预测不准，风电场要向电网缴纳罚款。风电预测和实际所发电力相差比例越高，罚款倍数越大。二是加强风电实时监控管理。2006 年 6 月西班牙电网公司（REE）成立了世界上第一个可再生能源电力控制中心（CECRE）。西班牙法律要求风力发电公司必须成立实时控制中心，所有装机容量在 1 万 kW 以上的风电场的实时控制中心必须与可再生能源电力控制中心直接互联。

第三节　德国实践与经验

一、电力系统概况

截至 2022 年年底，德国全国装机总容量约 2.3 亿 kW。其中，火电 7236 万 kW，占 31%；风电 6632 万 kW，占 29%；太阳能发电 6655 万 kW，占 29%。2022 年德国电源结构如图 6-15 所示。

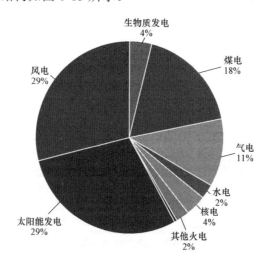

图 6-15　2022 年德国电源结构

2022 年年底，德国全国发电量约 5823 亿 kWh。其中，火电 2957 亿 kWh，占 38%；风电 1261 亿 kWh，占 22%；太阳能发电 590 亿 kWh，占 11%。2022 年德国发电量结构如图 6-16 所示。

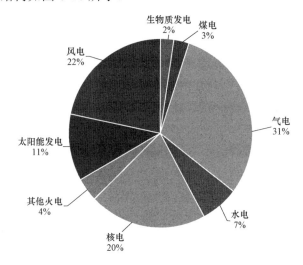

图 6-16　2022 年德国发电量结构

德国风电、太阳能装机容量相当，为德国的第一、二大电源。2008—2022 年风电年均增长 8%，太阳能年均增长 19%。2008—2022 年德国风电装机容量如图 6-17 所示，太阳能发电装机容量如图 6-18 所示。

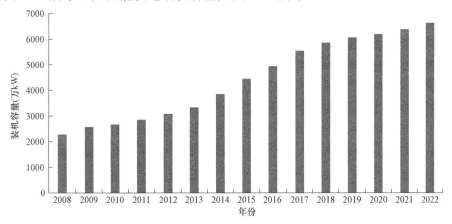

图 6-17　2008—2022 年德国风电装机容量

2008—2022 年德国风电发电量和发电量占比整体保持上升趋势，发电量占比在 2021 年达到最高为 22%。太阳能发电量和发电量占比整体保持上升趋势，2022 年太阳能发电量达占全部发电量的比例为 10%。2008—2022 年德国风电发电量和发电量占比如图 6-19 所示，太阳能发电量和发电量占比如图 6-20 所示。

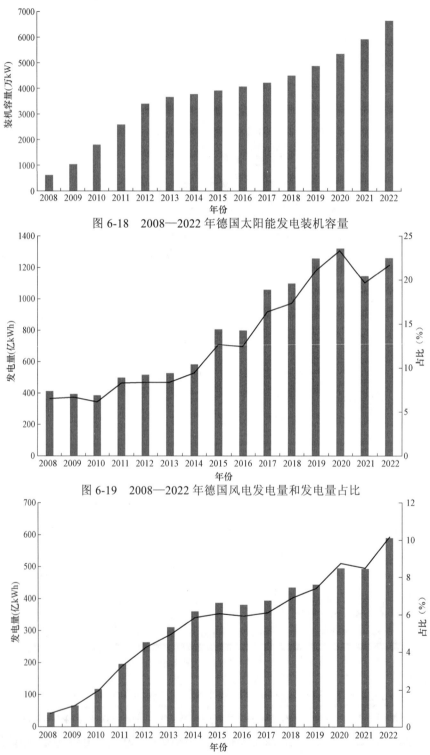

图 6-18　2008—2022 年德国太阳能发电装机容量

图 6-19　2008—2022 年德国风电发电量和发电量占比

图 6-20　2008—2022 年德国太阳能发电量和发电量占比

二、德国促进新能源消纳的实践和经验

灵活调节电源占比高。德国的灵活调节电源包括燃气、抽水蓄能、硬煤煤电和燃油发电，合计装机容量 6840 万 kW，占总装机容量的 30%。其中，德国煤电具有较强的调峰能力，硬煤煤电最小技术出力可降至装机容量的 10%，褐煤煤电为 30%。

充裕的电网互联容量，为能源资源跨国优化配置和系统平衡提供物理平台。德国同周边 9 个邻国之间输电容量超过 2020 年最大负荷的 40%。在新能源出力较小时，邻国输入电力，支撑电力供应；新能源大发时，向邻国输送电力，减轻消纳压力。

持续推进欧洲统一电力市场建设，为跨国交易提供重要支撑。欧洲统一电力市场形成包括中长期、日前、日内和平衡市场的完善交易机制，为新能源大范围消纳提供基础。德国于 2010 年开始与周边国家电力市场耦合。目前，欧洲已有 26 个国家实现日前市场耦合，23 个国家实现日内市场耦合。

通过市场机制优化设计兼顾新能源消纳与市场效率。德国 2021 版《可再生能源法》规定，当现货市场中负电价持续超过 4h（原为 6h），新能源将不再领取补贴，推动新能源以经济、合理报价同常规电源公平参与市场竞争，同时减轻补贴资金压力。

通过增加调度手段、扩大调节资源、优化调节机制，来缓解新能源增长带来的阻塞问题。德国风电集中在北部，而负荷集中在南部和西部，潮流以北电南送为主。随着新能源的增加，电网阻塞日渐严重，传统阻塞管理机制已无法适应高比例新能源接入，由此提出了再调度 2.0 模式。通过再调度 2.0，电网阻塞管理将在所有市场参与者与网络运营商之间进行协调，参与对象也由大型传统电源向所有可控电源转变。可再生能源、热电联产机组的成本需乘以一个"系数"，作为等效成本参与再调度机制。

三、德国分布式光伏的实践和经验

目前德国为实现大规模分布式光伏接入并保障电网安全运行，在分布式光伏和电网侧均开展了大量实践，加快输电网和配电网建设，优化分布式光伏布局和接入，双管齐下，有效促进德国光伏发电发展。

一方面，通过加强配电网建设、强化规划并网运行管理，应对分布式光伏发电接入对配电网的影响。

（1）加快配电网建设，从电网侧、用户侧以及电网和用户双向互动三个层面共同采取技术措施，应对分布式光伏带来的影响。大比例光伏发电接入配电

网将可能引起配电网潮流由光伏发电向其他电力用户或更高电压等级流动，产生的技术问题主要包括电压升高和变压器、线路等设备过负荷。其中，由反向潮流引起的电压升高问题是影响光伏发电接入配电网的主要技术问题。促进大比例光伏接入配电网，应从电网侧、用户侧以及电网和用户双向互动三个层面共同采取技术措施。其中，电网侧措施包括电网加强、有载调压、高级电压控制、静态无功控制、电网侧储能、电网加强、高级闭环运行等；用户侧措施包括用户侧储能、政策激励的自发自用、并网点处对光伏进行有功出力控制、光伏逆变器的有功出力控制、光伏逆变器的无功功率控制；电网和用户双向互动措施包括等基于价格信号的需求响应、SCADA 和负荷控制、SCADA 和光伏逆变器控制、广域电压控制等。

图 6-21 给出了德国配电网运营商采取的具体电网技术措施 2011—2013 年的变化情况。从各类措施的实施情况来看，线路相关措施采用的最多，变压器相关措施次之。考虑分布式光伏接入配电网引起的电压升高、线路过负荷等主要问题，德国的统计结果表明增加导线截面积、架空线路改为地下电缆、新建线路等线路相关措施以及变压器增容等在解决分布式光伏接入配电网的技术问题方面效果显著。根据 EEG 9（1）采取的具体电网优化和加强措施见图 6-21 所示。

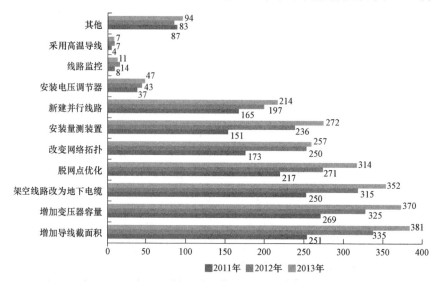

图 6-21　根据 EEG 9（1）采取的具体电网优化和加强措施

（2）着眼于保证电力系统整体经济性，要求以"经济的方式"并网，积极引导并网分布式光伏发电优化布局。德国《可再生能源法》规定电网企业要以"经济的方式"满足光伏发电系统并网要求。德国联邦法院将"经济的方式"定义为：如果配套电网改造投资超过了分布式电源项目本体投资额的 25%，则认为是不经济的，电网企业可拒绝该项目的并网申请。目的在于促使光伏发电项目业主在规划建设项目时，关注现有电网接纳能力，科学选择项目容量和接入位置，减少项目引起的电网改造成本。

（3）明确严格的并网技术标准，确保公共电网安全稳定。德国制定和适时更新接入中、低压配电网的并网技术标准。德国先后制定发布了《中压配电网并网技术标准》（1～60kV）、《低压配电网并网技术标准》（1kV 及以下），分别提出接入中、低压配电网的分布式电源并网技术标准。技术标准非常明确和严格，各项指标均有详细规定，譬如规定了孤岛保护、短路电流等方面的详细技术要求，针对不同装机容量的光伏系统提出了详细的调度方式规定，明确了详细的并网调试程序和内容。同时强制要求光伏发电所采用的逆变器必须满足认证标准。对已投产但不符合新认证要求的项目，限期进行整改，否则将停止其并网。

（4）对不同装机容量的光伏发电机组，采用差异化的运行管理要求。2012年以前，德国仅对 100kW 以上的光伏发电项目进行监控管理。根据《可再生能源法 2012》，2012 年 1 月 1 日后投产的小于 100kW 的项目也被纳入监控范围。对不同装机容量的光伏发电机组，采用差异化的运行管理要求。对已投产分布式光伏发电项目设置过渡期，限时安装测量和监控装置，成本由项目业主承担。对电网企业进行出力控制的条件也进行了明确规定。

德国分布式光伏发电运行管理要求见表 6-2。

表 6-2　　　　　　　　　德国分布式光伏发电运行管理要求

装机容量	<30kW		30～100kW			>100kW	
系统投产日期	2012 年 1 月 1 日前	2012 年 1 月 1 日后	2009 年 1 月 1 日前	2009 年 1 月 1 日—2012 年 1 月 1 日	2012 年 1 月 1 日后	2012 年 1 月 1 日前	2012 年 1 月 1 日后
运行管理要求	—	远程出力控制或 70% 出力限制	—	远程出力控制		远程出力控制以及实时功率监测	
生效日期	—	2012 年 1 月 1 日	—	2014 年 1 月 1 日	2012 年 1 月 1 日	2012 年 7 月 1 日	2012 年 7 月 1 日

另一方面，随着分布式光伏发电接入规模越来越大，出力的短时波动对大电网安全运行提出了挑战，德国通过加强更大范围电网互联、预备充足的可调度资源、修订并网技术导则等措施，保障电网安全运行。

（1）为应对大规模光伏集中脱网对系统安全稳定运行的威胁，即"50.2Hz问题"，德国制定出台新的并网技术导则，对光伏发电系统实施整改。根据德国《接入低压电网技术导则》（DIN V VDE V 0126-1-1），如果电网频率超过 50.2Hz，连接于低压电网的发电厂必须在 0.2s 内脱网。随着接入低压电网的光伏发电容量日益增大,上述频率规定可能引起大量光伏发电设备在频率达到 50.2Hz 情况下批量集中脱网,造成电网安全稳定运行风险。根据欧洲输电运营商联盟 ENTSO-E 的研究报告,正常运行工况下,电网频率升至 50.2Hz 的概率不大,光伏发电引起电网安全稳定运行风险的概率也较小。但是在事故工况下,电网频率很可能超过 50.2Hz,而光伏发电此时的集中大规模脱网极可能扩大电网事故范围,加剧电网发生大规模停电的风险。2011 年 4 月,德国开始研究并陆续出台"50.2Hz 问题"解决方案,包括出台针对接入低压电网发电机组的新技术导则《发电站接入低压电网的技术规定》(VDE-AR-N 4105)以及针对已并网光伏电厂整改的《保证系统运行稳定条例》(SysStabV)等。

(2)德国依托欧洲互联电网,通过加强与周边国家电力交换,充分发挥大电网资源优化配置平台作用,结合充足的可调度资源,保障可再生能源消纳和电网安全运行。

2014 年 6 月 9 日,德国光伏出力超过系统负荷 50%,如此高比例光伏出力条件下的德国电网运行情况备受瞩目,对世界其他含高比例可再生电源的电网运行有重要启示意义。从 2014 年 6 月 9 日德国电网的运行情况分析来看,德国与周边国家的电力交换在消纳高比例光伏发电中发挥了重要作用。6 月 9 日,德国全天均处于电力净出口状态。从早上 6 时开始,出口电力逐渐增大,至 13 时净出口电力达到最大值,约 1253 万 kW。随后净出口电力逐渐减少,至 18 时降至 302 万 kW。净出口电力的增加与减少,与光伏出力曲线高度吻合。光伏大发时段与周边国家的电力交换是保证德国消纳高比例光伏的重要手段。2014 年 6 月 9 日德国发电、用电及进出口情况如图 6-22 所示。

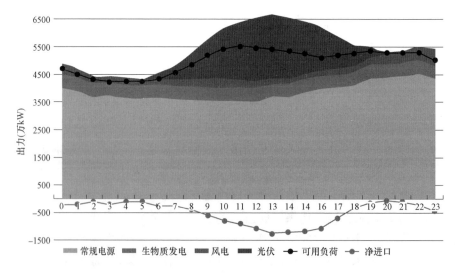

图 6-22　2014 年 6 月 9 日德国发电、用电及进出口情况

德国成功应对 2015 年 3 月 20 日日全食带来的光伏发电出力短时快速波动。德国当地时间 3 月 20 日上午 9 时 33 分至 11 时 52 分，德国迎来日全食，造成光伏出力短时快速大幅波动。一个半小时内，光伏出力波动幅度达到 1500 万 kW，日全食过程中光伏出力变化速率比正常运行情况增加近一倍。德国电网依托充足的可调度资源，加上基于光伏出力预测的电网充分预案，成功应对此次日全食引起的光伏出力短时大幅波动。①德国电网本身发电充裕度高，可调度常规电源和灵活电源占比也较高。德国发电装机容量（1.8 亿 kW）远高于峰值负荷（约 8000 万 kW），煤电、核电、气电等常规电源占比达 50.6%，气电、水电等灵活性电源装机容量占比约 19.3%，总量达 3400 万 kW，足够覆盖所有光伏发电停运后的功率缺额。②欧洲互联电网为其提供坚实后备。德国电网处于欧洲大陆互联电网核心位置，而欧洲大陆电网的风电光伏装机容量和电量占比低于德国，可为德国应对大幅可再生能源波动提供可调度资源支撑。欧洲输电网联盟的日全食影响预分析报告也提出加强欧盟各国电网运营商之间的备用支持与运行协调。2015 年 3 月 20 日德国光伏出力曲线如图 6-23 所示。

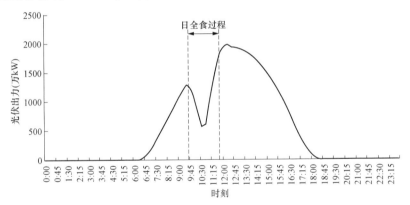

图 6-23　2015 年 3 月 20 日德国光伏出力曲线

第四节　国际机构研究观点

近年来，随着新能源占比的不断提升，国际能源署（IEA）、国际可再生能源署（IRENA）、美国国家可再生能源实验室（NREL）等国际研究机构，围绕高比例新能源对电力系统的影响、新能源高效利用、电力市场建设等开展了大量研究，形成了一些具有重要参考意义的研究结论。

一、高比例新能源阶段性影响

国际能源署（IEA）使用阶段化的框架来表现可再生能源电力不断增长所

带来的影响、挑战以及电力系统的应对方式。未来具有波动性的风电和光伏（variable renewable energy，VRE）将逐步成为主力电源，按对电力系统的影响依次递增，分为 6 个阶段（如图 6-24 所示）。阶段 1，VRE 未对电力系统产生显著影响；阶段 2，VRE 对电力系统影响较小，产生一定的灵活性需求，只需系统运行方式稍作调整；阶段 3，VRE 发电量占比一般在 20% 左右，将成为影响系统运行方式的决定性因素，导致灵活性需求大幅增长；阶段 4，VRE 发电量占比一般为 40%～60%，将满足部分时段的全部用电需求，带来供电可靠性风险；阶段 5，VRE 将造成更长时间范围的电力供应紧缺或过剩；阶段 6，中季节性储能和氢燃料成为必备的手段。

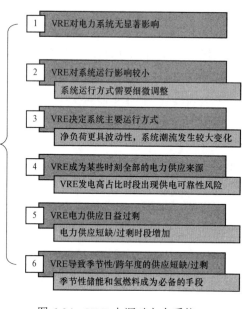

图 6-24　VRE 电源对电力系统
安全影响的 6 个阶段

目前大部分国家仍处于阶段 1 或阶段 2，仅丹麦、爱尔兰、南澳州等 VRE 占比较高的国家或地区进入了阶段 4。

二、电力系统灵活性资源

国际可再生能源署（IRENA）在《世界能源转型展望——1.5℃路径》报告中分析指出，可再生能源是未来电力系统的供应主体，灵活性是可再生能源高比例接入的关键支撑。综合考虑发电、用电、转换等环节因素，预计电力系统灵活性将达百亿千瓦规模。考虑风电、光伏发电等可再生电源出力间歇性，预计发电环节灵活性需求在数十亿千瓦规模。IRENA 通过调研分析，明确了四大类、共 30 种提高系统灵活性举措，具体见表 6-3。

表 6-3　　　　　　　　　　　提高系统灵活性的举措

举措类型	具 体 举 措
技术创新（共 11 项）	电网侧储能、用户侧储能、电动车智能充电、可再生电力供热、可再生能源电力制氢、物联网、人工智能和大数据、区块链、可再生能源小型电网、超级电网、常规电厂的灵活性

举措类型	具 体 举 措
商业模式设计（共5项）	聚合商、点对点电力交易、综合能源服务、社区所有制模式、先装后付模式
市场设计（共8项）	提高电力市场的时间精细度[①]、提高电力市场的空间粒度[②]、创新辅助服务、再设计容量市场、区域市场、峰谷分时电价、分布式能源市场整合、净计费方案
系统运行（共6项）	输电系统运营商未来的角色、输配电系统运营商之间的合作、波动性可再生能源发电（VRE）的先进预测、抽水蓄能的创新运行、虚拟输电线路[③]、线路动态容量

① 即设计时间尺度更短的市场交易产品。
② 即采用反映线路拥塞的区域定价或节点定价机制。
③ 即缓解线路阻塞的储能应用。

IRENA 认为，各项举措通过集成形成解决方案，会进一步提升发电侧的灵活性，把灵活性能力拓宽到电网侧和需求侧，能够降低灵活性整体成本并可最大限度提高系统收益。

三、储能与需求侧资源

美国可再生能源国家实验室（NREL）以美国电力系统为对象，研究了可再生能源发电占比从 20%提高到 90%（也即风光占比由 7%提高到 48%），对美国电力平衡的影响和挑战。研究表明：①随着新能源占比的提升，新能源预测误差成为系统平衡备用需求增加的主要影响因素。基准情景（可再生能源占比约为 20%）中，新能源预测误差导致的备用需求占比不到 1/6，而在可再生能源占比达到 80%～90%时，这一备用需求占比已接近一半。②未来高比例新能源电力系统中，储能与需求侧资源将逐步成为平衡备用的主力来源。储能和可中断负荷等需求侧资源作为平衡备用虽然电量支撑有限，但响应速度快，更适用于满足新能源导致的备用需求；而传统电源虽然电量支撑能力强，但作为备用电源利用小时数低、经济性较差。以储能为例，基准情景（可再生能源占比约为 20%）中，储能在备用资源中占比不到 1/10，而可再生能源占比逐步提升至 90%时，储能备用占比显著提升，最终接近 1/3。未来高比例可再生能源情景下各类备用资源占比变化趋势如图 6-25 所示。

四、跨区输电能力

美国可再生能源国家实验室（NREL）研究表明，随着可再生能源发电占比的提高，输电线路长度、跨区联络线容量也随之增加，实现高比例可再生能源接网消纳需要电网进行大范围的资源优化配置。美国新增输电线和跨区输电容量主要集中于中部和西南部地区，通过电网可以将这些地区优质的风光资源转化为电能输送至负荷中心。情景分析结果表明，未来 40 年间需要新增 1.1～1.9 亿 MW·m 的输电能力，以及 4.75～8 万 MW 的跨区联络线容量。在未来新能源发电量占比接近 40%的情景下，建设全国范围高压直流（HVDC）互联通道可降低约 5%的系统平衡装机需求。

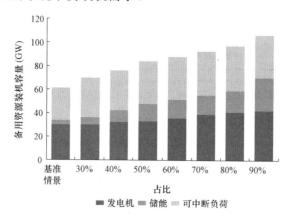

图 6-25　未来高比例可再生能源情景下各类备用资源占比变化趋势

五、电力市场

国际能源署研究表明，随着能源转型的推进，新能源、分布式能源以及储能技术快速发展，互联网、通信等技术不断创新，需要重塑电力市场，包括开展更短期电力市场、更大范围的电力市场、容量市场等设计，以提高电力系统灵活性，保障电力系统安全；将分布式电源、储能、电动汽车等多元主体纳入电力市场设计，实现大电网与分布式主体多元化协同优化，提高电力系统运行效率。近年来，美国、德国、欧盟等国家和地区的电力改革相关法案和规则均以服务能源转型为核心，围绕新能源高比例接入和高效利用，对电力市场结构、交易品种、交易规则等进行持续优化。主要做法如下：

（1）建立适应更大范围消纳的电力市场交易机制。目前欧洲和美国都在推进更大区域范围的市场联合交易机制以及统一市场交易机制建设，实现更大范围的电力市场融合和协调运行，促进新能源发展。

（2）完善现货市场机制，提高现货市场的时间精细度。为了适应大规模新能源接入，消除可再生能源参与市场的障碍，美国能源监管委员会颁布 764 号法案，要求将实时市场结算间隔缩短到 5min。

（3）增加灵活性交易产品，提升系统灵活性。目前美国部分 ISO 开始在实时市场中加入灵活性爬坡资源作为新的交易品种，在辅助服务市场之外，提高系统在经济调度阶段的灵活性，减少新能源弃电。

（4）将分布式发电、储能等新兴多元主体纳入电力市场设计。美国2018年发布"841法案"，要求各系统运营商修改电力市场规则，允许储能全面参与电力批发市场。

近十年主要国家电力市场建设重点见表6-4。

表6-4　　　　　　　　　近十年主要国家电力市场建设重点

国家（地区）	发布时间	政策名称	核心要点
英国	2013年12月	2013年能源法案	提出2014年全面启动新一轮电力市场化改革，满足碳排放目标、鼓励低碳发电投资、保障能源供应安全。主要措施包括建立差价合约机制、建立发电容量市场、设立碳排放标准
	2020年12月	推动零碳未来能源白皮书	提出要构建"高效电力市场"，一是建设适应比例可再生能源的电力市场；二是需要建设充分利用清洁灵活性资源（如电动汽车、储能、抽水蓄能等）的电力市场
德国	2015年7月	适应能源转型的电力市场设计	提出构建适应可再生能源的电力市场2.0，核心包括保持市场自由定价机制、建立容量备用、加强与欧洲电力市场互联等
欧盟	2016年11月	所有欧洲人的清洁能源法案	要求各成员国调整电力市场规则，适应可再生能源的迅速发展，并保证相关市场条例不歧视可再生能源
	2019年6月	欧盟2019年第943号条例	提出适应低碳转型、鼓励技术进步、加强跨国电力市场融合、促进消费者参与的市场规则，涉及市场设计、调度运行等
	2019年6月	欧盟2019年第944号指令	要求成员国电力市场提升对于灵活性资源和技术创新的激励，加强用户侧主体参与度，以适应能源转型
美国	2018年2月	联邦能源管理委员会841法案	要求各区域输电组织（RTO）和系统运营商（ISO）修改电力市场规则设计，促进储能全面参与电量、辅助服务等各类市场
	2020年9月	联邦能源管理委员会2222法案	要求RTO/ISO允许DER以聚合的方式直接参与电力批发市场，并设置了一类新型的市场主体——"DER聚合体"。DER聚合体定义为通过聚合一个或多个分布式资源参与电能量、辅助服务、容量市场的主体

六、高比例新能源系统新常态

在高比例新能源系统，出现弃电现象是常态。根据美国能源部可再生能源实验室（NREL）发布的一份弃电调查报告显示，全球新能源装机规模大、电量渗透率高的美国、德国、西班牙、丹麦均存在不同程度的弃电。

1. 美国加利福尼亚州弃风、弃光情况

美国加利福尼亚州（简称加州）独立系统运营商（california independent system operator，CAISO）管辖地区覆盖该州大部分地区的电网部分。该区域太阳能和风能资源接入电力系统比例迅速上升，使得加州在向低碳电网发展方面取得了长足的进步，但同时也面临了新的问题——系统经常有太多可再生能源，而没有足够的用户需求将其消纳，即供过于求。随着可再生能源装机容量（尤其是太阳能发电）快速增长，供过于求的情况越来越多。在过去的三年里，每年大约增加2000MW的太阳能发电装机容量，太阳能发电高峰已经成为一种常态。2017年，太阳能和风能发电量占CAISO可再生能源发电量的60%以上。在2017年4月的某个时候，64%的电力负荷由太阳能和风力发电承担。对于CAISO来说，这是个好消息，因为ISO已建立了将可再生能源整合到电网中的战略远景，但这也意味着加州可能无法消纳全部的可再生能源。

随着越来越多的可再生能源（尤其是太阳能）进入电力系统，中午供过于求的情况越来越频繁，CAISO从2013年开始用"鸭形曲线"来解释这一现象，这是一种随着可再生能源电力系统的发展描绘未来负荷的图形。"鸭形曲线"表示未来的净负荷曲线，净负荷的计算方法是将预测负荷减去可变发电资源（风能和太阳能）的预测发电量。在一年中的某些时候，这些曲线会在下午三点左右形成一个"腹部"形状，随即迅速向上延伸，形成一个类似鸭子脖子的"拱形"——因此被称为"鸭形曲线"。图6-26显示了2012—2020年春季典型日（1月11日）的净负荷曲线，从单日来看，出现了四个明显的斜坡期。第一个向上倾斜的8000MW（鸭尾）发生在早上4点左右，那时人们已经起床，开始日常工作。第二次是向下的，发生在早上7点左右太阳升起之后，那时在线传统发电被太阳能发电资源替代（产生鸭肚）。下午4点左右，太阳开始下山。当太阳能发电结束时，CAISO必须调度资源以满足第三个也是最重要的上爬坡（鸭脖子的弧度）。在11000MW的急剧增加之后，由于系统的需求在夜间下降，CAISO必须减少或关闭发电量以满足最后的下降趋势。从不同年份来看，从2012年起，由于光伏装机容量逐年上升，"鸭腹"不断"肿胀"，供过于求的风险到2020年已经到了不可忽视的地步。

CAISO管理供应过剩最有效的工具是"限制"可再生资源。这意味着，当电力需求不足以消纳全部可再生能源时，过剩的发电量将会被"弃用"，也就是弃电。弃电量的计算方法是将预测产生的电量减去实际产生的电量。与其他可再生资源如水电、地热、生物质能和沼气等不同，新的太阳能和风能资源无论是在技术上还是在合同上都能够通过减少产量来应对供过于求的状况。弃电现象越来越严重，导致清洁能源失去了生产无碳能源的机会。

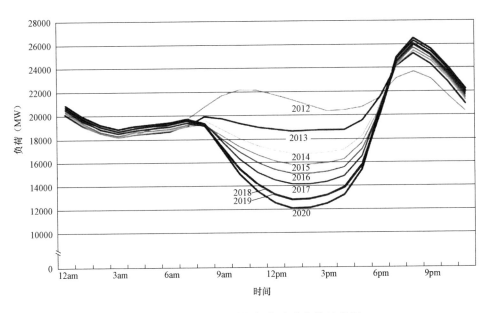

图 6-26 加州电力系统负荷鸭形曲线示意图

在加州，弃电的方式主要分为以下三种：

（1）经济弃电（economic curtailment）：市场通过低价甚至是负电价引导弃电的发生。

（2）自行安排的削减（self-scheduled cuts）：发电厂从自计划投标中减少发电量。

（3）异常调度（exceptional Dispatch）：CAISO 通过调度指令让发电机减少输出功率。

在供过于求的情况下，批发价格可能会很低，甚至会变成负值，发电商必须向电网付费，大宗能源市场首先选择成本最低的电力资源。当价格开始下跌时，可再生资源可以以减少产量的方式"进入"市场。市场经常会纠正供过于求的状况，并自动恢复供需之间的平衡，这是一个正常而健康的市场结果。然后，出于运营和关税方面的考虑，启动自行计划的削减并确定优先次序。由于 CAISO 的市场优化软件会根据需求自动调整供应，因此经济弃电和自行安排的削减被认为是基于市场的。最后，如果基于市场的解决方案无法消除可能产生的电力过剩，那么最后的办法就是让 ISO 手动进行干预，这被称为异常调度。在这种情况下，CAISO 会给特定的可再生能源生产方发出减少产量的指令，以防止或缓解威胁电网可靠性的状况。由于 CAISO 操作员必须手动干预，因此异常的调度命令被视为"手动"削减。这不是首选方法，因为它不能确保需要最低成本的资源来提供电力服务，并且在许多情况下，它会减少可再生能源的发电量。

2015 年，CAISO 被迫削减超过 18.7 万 MWh 的太阳能和风能发电。2016
年，这一数字上升到超过 30.8 万 MWh。其中，大多数弃电方式为经济弃电：
2015 年将近 17.8 万 MWh，2016 年超过 30.5 万 MWh。根据 CAISO 的记录，
2016 年第一季度与 2017 年同期相比，可再生能源弃电量增加了 147%。在 2017
年第一季度，减少了约 3% 的潜在风能和太阳能发电，减少了约 1% 的潜在可再
生能源发电。但是在一年中的某些时候，减少 20%～30% 的太阳能发电量并不
罕见。2017 年 3 月 11 日，CAISO 观察到一个小时的太阳能弃电量超过了太阳
能产量的 30%。当日正处春季，积雪融水向水力发电站输送额外的水，从而减
少了系统用于太阳能和风能的消纳空间，这也是加州弃风、弃光主要集中在春
季的原因之一，由图 6-27 中加州月度弃风、弃光电量曲线可以看出，每年的春
季，弃光电量都会有一个很高的尖峰。

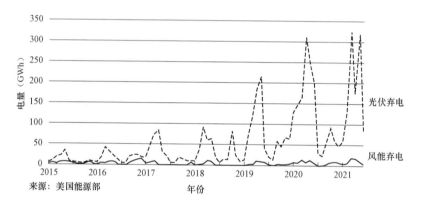

图 6-27　2015—2021 年 6 月加州月度弃风、弃光电量曲线

2020 年，CAISO 弃掉了 150 万 MWh 的公用事业规模太阳能，占其公用事
业规模太阳能产量的 5%。2020 年，太阳能弃电量占 CAISO 弃电量的 94%。
当处于电力需求相对较低（由于适宜的温度降低了供暖和制冷需求）、太阳能产
量相对较高的春季月份，太阳能弃电量往往较大。例如 2021 年 3 月初的下午时
段，CAISO 平均弃掉了其公用事业规模太阳能产量的 15%。2020—2021 年 6
月加州光伏发电生产与削减情况如图 6-28 所示。

随着新增可再生能源容量的增加，可再生能源发电量增加，太阳能和风能
的弃电也在增加。为了 2025 年实现加州可再生能源发电占比达到 50% 的目标，
CAISO 计划在 2021 年再增加 1.6GW 的公用事业规模光伏发电容量和 0.4GW
的陆上风力发电容量。综合来看，这两种技术占 2021 年 CAISO 总容量增量的
44%。

小型太阳能发电站的容量持续增长，负荷侧的小型太阳能发电站减少了对 CAISO 运行发电的需求，导致更多的弃光。

美国加州弃风、弃光原因及应对措施：

由以上分析可知，加州的新能源以光伏发电为主，也有少量风力发电。加州弃风、弃光呈现出明显的时间性，即时间段集中在每年的春季，主要原因有如下三点：

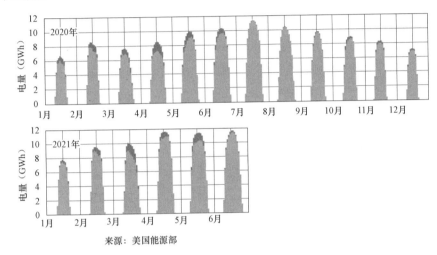

来源：美国能源部

图 6-28　2020—2021 年 6 月加州光伏发电生产与削减情况

（1）积雪融水向水力发电站输送额外的水，为了避免大量弃水，加州的水电站必须保证一定的强迫功率，从而减少了系统用于太阳能和风能的消纳空间。

（2）春季光伏发电量相较冬季来说有所提升。

（3）春季气候宜人，不需要大规模供冷或者供暖，电力需求较低。

CAISO 必须持续平衡供求关系，因此必须采取措施减少供应过剩的风险。这些措施可以帮助避免出现弃风、弃光的情况。

（1）将 CAISO 的调度控制范围从加州扩展到其他州来增加需求，这样低成本的剩余能源就可以服务于更大范围的消费者。

（2）增加储能设施，例如蓄电池储能：CAISO 预计 2021 年将新增 2.5GW的蓄电池储能容量，可再生能源发电机在供过于求时可以给这些蓄电池充电，否则过剩的电量会被弃掉。其他储能选择：制氢和氢基储能也有助于减少弃光现象。氢将利用过剩的会被弃掉的可再生电能通过电解产生，并将其储存以供日后使用，正在开发的两个项目一个是电改气项目，另一个是山间电力项目（IPP Renewed）。山间电力项目重在发展可再生能源制氢和储氢能力，以及安装能够利用氢气的天然气发电装置。

（3）完善 CAISO 的能源不平衡市场（EIM）：CAISO 的能源不平衡市场是一个实时市场，允许 CAISO 之外的参与者买卖能源以平衡需求和供给。据 EIM 运营商的生产报告显示，2020 年，EIM 内部的贸易避免了 16% 的总可能弃电量。

（4）将汽车等交通工具从使用石油转向使用电力来扩大电力需求。

（5）为消费者提供分时电价，促进消费者在太阳能充足、供过于求的可能性较大的白天用电。

（6）提高发电厂的灵活性，以更快地按照 CAISO 的指令改变其发电量水平。

2. 得克萨斯州弃风、弃光情况

得克萨斯州（简称得州）生产和消耗的电力比任何其他州都多，但它是美国大陆唯一一个运行独立电网的州，该电网旨在保持该州的能源系统独立并与其他市场隔离。这意味着在风暴等关键天气事件期间，得州的大部分地区无法连接到其他电网。得州电力可靠性委员会（Electric Reliability Council of Texas，ERCOT）是美国得州内的独立系统运营商（Independent system operator，ISO），负责北美三大同步交流电网之一——ERCOT 电网的运营管理。得州 75% 的地域和 90% 的负荷由 ERCOT 调度运行管理，分为西部、北部、南部和休斯敦区。

ERCOT 电网与外界只通过小功率直流联络线联网。ERCOT 电网与美国东部同步互联电网和墨西哥电网通过 4 个直流背靠背换流站和 1 个可变频变压器站联网，输电容量合计约 100 万 kW，仅约占最大负荷的 2%。

如图 6-29 所示，得州的主力电源为燃气机组，其次为风电。得州在风力发电领域处于全美领先地位，自 2014 年以来，得州的风力发电机产生的电力都超过了该州的两座核电站。截至 2020 年年底，ERCOT 辖区内风电装机容量为 25121MW，太阳能发电装机容量为 3974MW，装机占比分别为 24.8% 和 3.8%。

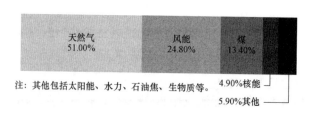

图 6-29 2020 得州各类型电源的装机容量占比

得州的风力发电量在 2006—2009 年迅速增长，当时建造了超过 7000MW 的公用事业规模风电容量（超过该州当时总风电容量的一半）。得州的电网经历了严重的输电阻塞，因为这些风电场的大量电力集中在该州的西部和北部农村地区，有时无法到达该州东半部的人口中心。在这些情况下，电网运营商得州电力可靠性委员会（ERCOT）减少了过多的风力发电，以保持传输网络在其物理极限内运行。2008—2020 得州风力发电量弃电量统计图如图 6-30 所示，2015—2020 年加州、得州按季度弃光率对比图如图 6-31 所示。

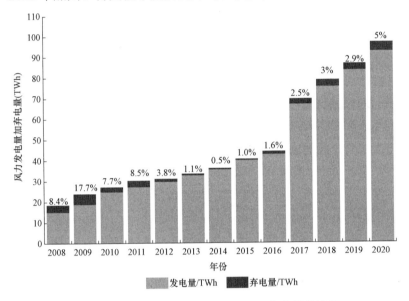

图 6-30　2008—2020 得州风力发电量弃电量统计图

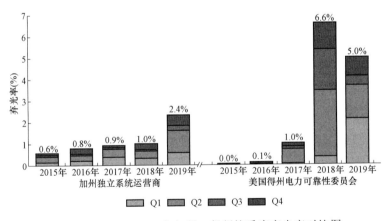

图 6-31　2015—2020 年加州、得州按季度弃光率对比图

除了限电之外，区域供需失衡导致 ERCOT 西部枢纽的实时批发电价在大量风力发电期间下降甚至出现负值。西部枢纽的负面价格反映了该地区当地的风电供应过剩与电力需求相比，以及无法将多余的风电转移到需求量更大的其他地区。当发电机愿意支付继续发电的机会时，就会出现负价格。

风光的边际成本几乎为零，因而风能和光能可以以低价提供电力。由于联邦生产税收抵免产生的收入来源，风电、光伏主体可以提供负价格，在风电、光伏主体生产电力时产生税收优惠，以及从州可再生能源组合或财政激励计划中支付。这些替代收入流使得风力发电机能够以低于其他发电机的价格向批发电力市场提供风力发电，甚至是负价格。

得州弃风、弃光原因及应对措施：

由上节分析可知，得州的新能源以风力发电为主，也有少量光伏发电。得州弃风、弃光呈现出明显的空间性，即弃风区域集中在得州的西部和北部。主要原因是得州的风电场的大量电力集中在该州的西部和北部农村地区，有时无法到达该州东半部的人口中心。连接风力发电和电力需求中心的有限传输容量不足以满足西部产生的风力发电量。

为解决与风相关的输电限制问题，得州采取了以下措施：

（1）得州公用事业委员会（PUCT）于 2008 年建立了五个具有高风电潜力的"竞争性可再生能源区"（CREZ），并授权了一系列输电扩建项目，总计将允许 18500MW 风力从五个 CREZ 区域运输到该州的其余部分。由于 CREZ 输电项目在过去几年已经完成，限电量和与风相关的负电价相应减少。截至 2013 年年底，预定的计划完成日期，所有 CREZ 项目都已通电，总成本为 70 亿美元。

（2）创建内部风预报，促进更精确的调度。提高预测分辨率，每隔 5min 向风电运营商和预报提供商提供数据。

（3）协调各个发电单元，制订更加接近实时的发电计划，减少风力发电机偏离计划的程度。

3. 欧洲弃风、弃光现状

欧洲互联电网（简称欧洲电网）包括欧洲大陆、北欧、波罗的海、英国、爱尔兰五个同步电网区域，由欧洲输电联盟（ENTSO-E）负责协调管理。为了推进欧洲电网的发展，2020 年下半年欧洲输电联盟公布了第五版规划 TYNDP2020，对欧洲电网未来需求、发展路径和投资效益分析做出了说明。其中，有关可再生能源发电的发展目标主要包括：可再生能源发电在 2030 年覆盖 48%～58%的负荷需求，2040 年达到 65%～75%；2040 年减少可再生能源弃电 580 亿～1560 亿 kWh。2017 年，欧洲电网发电量小幅增长，风电增长迅速。本报告选取 ENTSO-E 成员国中发电量最多的德国简要分析。

欧洲弃风、弃光比例规定：根据欧洲议会和理事会第 2019/943 号条例（EU）Article 13 5.（a）：保证输电网络和配电网络有能力以最低限度的重新分配来传输由可再生能源或高效热电联产生产的电力，这不应妨碍网络规划考虑有限的重新分配，如果输电系统运营商或配电系统运营商能够以透明的方式证明这样做更具有经济效益，并且不超过使用可再生能源并直接连接到各自电网设施的年发电量的 5%。除非成员国另有规定，即使用可再生能源的发电设施或高效热电联产的电力占年度最终消费总量的 50% 以上。

根据德国联邦网络局公布的电网监管报告显示，2015 年德国弃风率达到 5%，创近年来的最高纪录，如图 6-32、图 6-33 所示。造成这一现状的主要原因是 2015 年装机容量的增长以及风力资源丰富，全年的风力发电量较之前增长迅猛，同时风电集群和负荷中心分布不一致，导致输送通道拥堵，本地无法消纳的电能难以送出。为了改善这种状况，除了增建电网外设通道外，德国政府进一步完善了《可再生能源法案》等相关文件。

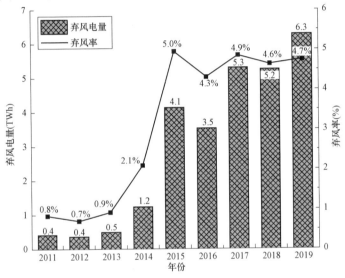

图 6-32　2011—2019 年德国弃风情况

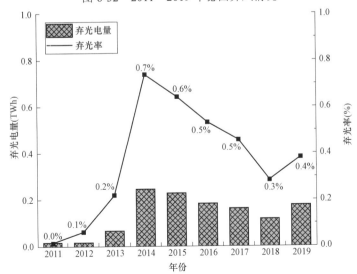

图 6-33　2011—2019 年德国弃光情况

根据最新的《可再生能源法》技术规范：

（1）装机容量超过 25kW，在投入运行时，电网运营商可以在电网过负荷的情况下随时远程全部或部分减少馈电功率（投入运行的装机容量超过 25kW 的可再生能源装置和热电联产装置，应在其装置上安装技术装置，使电网系统运营商能够在任何时候，至少在电网过负荷的情况下，通过远程控制，减少全部或部分上网容量）。

（2）装机容量不超过 25kW 的太阳能装置，在其装置与电网连接的地点将最大有功功率馈入限制在装机容量的 70%。

2015 年，由于并网管理措施，弃风电量从 2014 年的 1.2TWh 大幅增加到 2015 年的 4.1TWh，几乎是 2014 年的 3 倍。这相当于可再生能源装置产生的电能总量的 2.6%，2014 年仅为 1%。补偿金总额也从 2014 年的 8300 万欧元大幅增加到 2015 年的 3.15 亿欧元。从所有可再生能源来看，2015 年弃风电量占本年未使用可再生能源总量的 87.3%，高于 2014 年的 77.3%。

第三篇

新能源大规模发展在东北实现"双碳"目标的过程中作出了重要贡献，但是也给东北地区构建新型电力系统，实现能源高质量发展带来了严重的挑战。预计 2025 年东北地区新能源装机容量可能超过 1.3 亿 kW，由于新能源规划、建设周期远小于配套电网规划建设周期，大规模新能源接入会对电网运行方式产生较大影响，若不采取新的有效措施，电网企业在服务新能源及时接网、足额送出等方面会面临较大压力，将很难保障新能源量率协同发展。因此需要充分利用前述总结的经验和结论，针对东北电网未来在电力保供、新能源消纳、大电网安全运行、源网荷储协同发展方面可能存在的问题，科学提出适合东北地区实现新能源发展与消纳协同的行动和措施。

本篇聚焦东北地区未来新能源发展问题，对东北地区能源发展现状进行详细分析，指出新能源快速发展在东北地区能源转型中作出贡献的同时，也给系统带来了巨大的挑战；在此基础上，进一步指出东北地区在推进能源转型过程中，实现"量率"协同时需要解决的关键性问题；针对这些问题，提出实现新能源高质量发展的内涵要求及基本思路；结合东北地区新能源发展的实际情况和未来东北地区实现新能源高质量发展的需求，提出适合东北地区实现新能源发展与消纳协同的行动和措施。

第七章 东北地区新能源发展展望

第一节 东北地区新能源发展现状与关键问题

"双碳"目标提出以来，东北地区新能源发展迅速。截至 2023 年年底，东北地区新能源装机总量已超过 8800 万 kW，约占电源装机的 42%；年累计发电量已超 1800 亿 kWh，全年发电量占比超 29%，提前实现国家发展改革委、国家能源局《推动东北地区电力高质量发展专项行动方案》中"到 2025 年新能源发电量占比力争达到 25%"的目标。

东北地区新能源的发展在推动能源转型方面起到了主力军的作用，在此推动下，东北地区电源装机容量已突破 2 亿 kW。新能源快速发展带动"双碳"各项相关指标稳步提升，加速了东北地区实现"双碳"目标的进程，为服务东北地区能源电力绿色低碳转型发展作出了重要贡献。

新能源的高速发展在有力推动能源转型的同时，也给东北地区高质量构建新型电力系统带来挑战，科学处理好电力保供、新能源消纳、大电网安全运行、源网荷储协同发展等一系列问题，是推动东北地区能源高质量转型的关键。

近年来，虽然东北地区新能源利用率总体保持较高水平，但消纳基础尚不牢固，局部时段弃风弃光问题依然突出。按照当前各省区新能源发展态势，预计 2025 年东北地区新能源装机容量可能超过 1.3 亿 kW，规划火电灵活性改造与新建抽水蓄能释放的灵活性调节空间将难以满足新增调峰需求，很难达到《推动东北地区电力高质量发展专项行动方案》中提出的 90%新能源利用率目标要求，需要统筹合理确定新能源年度开发规模、布局、时序、利用率目标。另外，配套电网工程规划与建设周期存在滞后于新能源规划与建设周期现象，保障新能源及时接网送出，难度进一步增大。总结起来，量率协同存在以下问题。

（1）新能源规划缺乏统筹。国家可再生能源规划只有总规模，没有明确风电、太阳能发电分类发展目标，也没有分解到各省。各地方都希望新能源大规模发展，根据东北各省区规划，2025 年新能源装机容量将达到 1.3 亿 kW 左右，"十四五"新增 8200 万 kW，大大超出东北电网消纳能力。此外，国家要求大型新能源基地、煤电调节能力和外送通道"三位一体、同步投产"。从实际情况看，东北地区新能源相关实施方案只明确了新能源建设规模，未同步明确煤电等支撑调节电源规模、具体项目和建设时序。

（2）源网发展不协调。国家《可再生能源法》规定，可再生能源规划应包括发展目标、配套电网建设等内容。但在实际工作中，电源与电网之间不协调、不衔接问题比较突出。新能源项目建设周期短，一般半年到 1 年可完成本体工程建设；电网送出工程建设周期长，从开工到建成投运一般需 1 年到 1 年半，再考虑纳规等工作滞后的时间，以及电源项目"未核先建"等情况，客观上电网难以同步投产，存在"电源等电网"现象。另外，部分电源项目受投资能力、土地资源、政府规划调整等因素影响，建设进度不及预期，甚至取消项目，造成"电网等电源"现象。

（3）新增规模与利用率协同难度大。新能源消纳与新增电源规模、用电需求、系统调节和安全支撑能力密切相关。在用电需求、系统调节支撑能力不发生大幅变化的情况下，新能源新增规模越大，利用率越低。目前，东北地区部分地方政府为招商引资，发电企业为做大规模，存在"重发展轻消纳"的冲动，根据消纳能力分析测算结果，"十四五"末期，东北地区可能重现弃风弃光现象，新能源利用率将明显降低，无法达到国家能源局要求的 90%以上[1]。

（4）系统调节能力难以满足新能源发展需求。电力供需保持实时平衡，新能源发电具有随机性、波动性，要保证高效消纳，需要配套建设灵活调节电源。东北地区火电装机容量占总装机容量近一半，火电虽然已深度开展灵活性改造，但是仍难以满足新能源快速发展需求。

（5）系统安全运行压力加大。新能源大量替代常规机组，分布式能源、储能等交互式用能设备广泛应用，电力系统呈现高比例可再生能源、高比例电力电子设备的"双高"特征，电网发展形态、用电负荷特性、系统运行基础发生重大变化，电网安全运行面临更大挑战。东北地区新能源机组抗扰动能力较弱，存在发生连锁脱网、简单故障演变为大规模电网故障的风险。

第二节　东北地区新能源高质量发展的内涵要求与基本思路

一、东北地区新能源发展特征

（1）资源禀赋决定新能源发展以风电为主。东北地区风资源非常丰富且分布地域广阔，相比于太阳能资源更具备开发优势。短期内东北地区新能源发展将继续以风电为主，但随着未来光伏发电效率提升、单位造价成本下降、分布

---

[1] 国家能源局《东北地区电力高质量发展专项行动方案》提出的 90%以上利用率目标要求。

式发电就地存储消纳问题解决，光伏发电的竞争力将逐步凸显。

（2）开发效率决定新能源发展以集中式为主。新能源集中式开发不但可以降低单位造价成本，同时可以充分发挥 500kV 主网大范围资源优化配置作用，实现电网资产与清洁能源高效利用。以分布式光伏为主要载体的乡村配电网负荷规模小、网架结构薄弱、承载能力不足，短期内不具备大规模发展分布式光伏的基础。

（3）电源结构决定新能源发展以自用为主。东北地区化石能源对外依存度较高，常规稳定电源发展缓慢，"电力平衡趋紧、电量平衡盈余"的结构性矛盾逐步凸显，以稳定电源搭配新能源大规模外送的常规特高压跨区直流模式发展受限。随着柔性直流输电技术的逐渐成熟，积极推进高比例新能源电量送出型通道建设是扩大新能源消纳范围的重要补充。

二、东北区域新能源高质量发展内涵要求

东北区域新能源高质量发展必须是完整准确全面贯彻"创新、协调、绿色、开放、共享"新发展理念的发展，是立足东北地区资源禀赋、适应生态环境约束的发展，是有效促进东北全面全方位振兴、能源绿色低碳转型的发展，是统筹发展与安全、兼顾规模与效率，优质、高效、可持续的发展。

"优质"，守正创新，统筹发展与安全，通过技术创新与标准实施，使新能源涉网性能提升，对系统更加友好，接入电网能够提供稳定的支撑能力和替代能力，推动东北区域能源绿色低碳转型。

"高效"，协调开放，兼顾规模与效率，新能源发展既要保证规模，装机、发电量占比不断提高，通过产业发展促进东北地区经济增长，又要综合考虑确定合理的消纳利用率指标，通过源网荷储协同互动，使系统成本更低，经济效益更好。

"可持续"，绿色共享，东北区域新能源开发利用模式必须依据资源禀赋，满足生态环境约束，产生良好的生态效益、社会效益，新能源产业持续健康发展，促进东北地区高质量发展。

三、推动东北区域新能源高质量发展的基本思路

坚持东北区域能源清洁低碳转型的基本原则不动摇。以习近平新时代中国特色社会主义思想为指导，坚决贯彻"四个革命、一个合作"能源安全新战略，坚定不移推动碳达峰碳中和，坚持清洁低碳发展不动摇，统筹绿色与转型，统筹发展与安全，积极推动东北区域新能源装机容量及发电量占比同步提升，助力实现"双碳"目标。

积极推动东北区域各级政府完善新能源政策机制。协调、贯通的政策机制是新能源高质量发展的生命线，东北电力行业应积极与能源主管部门充分沟通协调，推动各级政府在新能源规划建设与管理、运行消纳机制和市场交易机制构建等方面贯彻落实国家政策，并充分发挥"三省一区"各自优势，保障各方利益。

全要素发力，实现东北区域新能源"优质、高效、可持续"高质量发展。积极从"源""网""荷""储""政策""市场"等各环节协同发力，充分挖掘各环节的技术水平提升措施，多措并举助力东北区域新能源高质量发展。

第三节　东北地区实现新能源发展与消纳协同的行动与举措

一、重要行动

（1）加强科技引领，打造坚强数智化电网。坚持以科技创新引领现代化产业体系建设，鼓励成果应用。坚持数智赋能，发挥大数据中心优势，构建智能化平台，打造国际领先调度支持系统和规划仿真平台。夯实电网安全稳定运行的技术堡垒，推动构建坚强智能的适应新能源占比不断提升的大电网安全体系。

（2）推动构建多元化清洁能源供应体系。发挥煤电保供"顶梁柱"作用，推动煤电"三改联动"、煤电联营，以及煤电与可再生能源联营。推动一次能源稳定供应，支持煤炭清洁高效利用。服务清洁能源发展，大力推动风电、太阳能发电等新能源大规模开发利用。加强应急备用能力管理和规划工作。

（3）加强各级电网协调发展。加快特高压电网和跨区通道建设，科学论证沙漠戈壁荒漠大型风光基地外送方案。加强东北区域 500kV 主网架，加快建设现代智慧配电网，支持微电网发展，增强清洁能源优化配置能力。

（4）加强多元灵活性调节资源建设，提升系统调节能力。推动出台政策提升火电机组灵活性改造积极性，合理安排火电灵活性改造时序，尽早释放火电调节能力。加快发展抽水蓄能，推进调峰气电建设，支持新型储能规模化应用，推动电网配套工程纳入国家规划。积极服务用户侧储能发展，做好储能项目全流程接网服务，推动新型储能与新能源同步规划、建设和投运。提升负荷管理调节能力，健全负荷管理体系，加强可调节负荷资源库、电力负荷管理系统建设。研究推动风电制氢和电采暖，深入挖掘电采暖用户等可调节负荷潜力，促进电、氢、气、冷、热等多能互补。

（5）发挥市场作用，扩展新能源消纳范围。完善调峰辅助服务市场规则，拓展辅助服务市场品种，推进新能源、可调控负荷参与现货和辅助服务市场。

积极组织跨省跨区电力市场交易，促进新能源更大范围消纳。完善以中长期交易为主、现货交易为补充的市场交易体系，积极开展风光水火打捆外送和省内交易、发电权交易、新能源优先替代等多种交易方式，扩大新能源交易规模。

（6）促进全社会节能提效。积极推进工业、公共建筑、园区等重点领域节能提效，广泛提供基于价值创造的能效公共服务产品，引导用户实施节能改造。科学有序推进电能替代，因地制宜推动以电代煤、以电代油，推进乡村电气化，推动清洁电力交通更广泛应用，探索推动电制氢技术应用。

二、举措倡议

更好服务能源转型，实现"碳达峰、碳中和"，事关经济社会发展全局和长期战略，需要全社会各行业共同努力。要统筹好发展与安全、政府与市场、保供与消纳、成本与价格，研究制定政府主导、政策引导、市场调节、企业率先、全社会共同参与的行动方案，整体实施、持续推进。

（1）倡议政府部门做好顶层设计，加强政策引导。促进新型业态科学发展，完善技术标准、管理制度、市场机制、政策措施，支持源网荷储一体化等新业态发展，推动各类电源公平承担社会责任。统一规划建设电网和电力交易平台，建立适应高比例新能源的市场机制，提高新能源市场消纳比例。扩大绿电交易规模，将消纳责任权重分解到用户，激励市场主体主动消纳绿电。

（2）倡议坚持系统观念，先立后破。新能源发展坚持"量率一体"，差异化设置利用率管控目标，引导各方形成共识。合理确定新能源新增规模，规划布局和建设时序，推动新能源与电网项目同步规划、同步建设、同步投产，实现量的合理增长和质的有效提升。发挥常规电源基础支撑和兜底保障作用，加快新能源电量替代。

（3）倡议推动电力系统调节能力提升。加快已开工抽蓄电站建设，动态测算抽水蓄能容量建设规模。研究新型储能配套政策，推动新能源配建储能集中共建共享与分布式配储并举，充分发挥储能利用效率。加大火电厂"三改联动"，释放更多的调节能力和消纳空间。

（4）倡议坚持创新驱动。围绕保障国家能源安全和实现"双碳"目标，促进现有技术作用发挥，实施前沿技术超前布局。推进先进技术创新和工程实践，开展关键设备和核心部件攻关。研究新能源与各类资源协同运行技术，推动新能源利用方式向"电、热、氢"等综合利用转变。

（5）倡议推动需求响应能力提升。出台需求响应支持政策和市场机制，将电力需求侧管理纳入地方能源和电力发展相关规划，整合各类需求侧响应资源，引导自备电厂、传统高载能工业负荷、工商业可中断负荷、电动汽车充电网络、虚拟电厂等积极参与需求响应市场、辅助服务市场和现货市场。因地制宜实现需求响应常态化、规模化实际应用。

（6）倡议社会民众自觉行动，践行绿色低碳生产生活方式。自觉开展绿色生活创建活动，倡导简约适度、绿色低碳生产生活方式，培育绿色、健康、安全消费习惯。大力推广使用节能环保产品，提高用能水平和效率。